부자들의 지식창고에는 뭔가 특별한 것이 있다

돈걱정만 하는 사람은 모르고
부자들만 아는 지식과 정보 43

부자들의 지식창고에는
뭔가 특별한 것이 있다

최성락 지음

페이퍼로드
paperroad

재테크로 부자는 못된다

친구들을 만났다. 그중 재테크, 금융에 대해서 아무것도 모르는 친구 A가 있었다. 친구 B가 A에게 충고한다.

"요즘 세상에 그렇게 재테크 모르면 안 돼. 노후를 생각해야지."

그리고 여러 금융 상품을 소개하기 시작한다.

"적금 상품 중에서 가장 금리가 좋은 건 ** 상품이야. 그리고 세금 우대가 가장 좋은 건 ** 상품이지. ISA는 연 2,000만 원까지 가입할 수 있는데, 보통 200만 원까지 비과세 혜택을 받아. 연금 보험 상품 으로는 **가 있는데, 이건 이율이 **이고, 한 달에 50만 원씩 넣으면 은퇴 후에 **만 원씩 받을 수 있지……."

B는 정말로 많이 했다. 이 정도로 금융 상품을 많이 알고 또 금융 상품별 장단점, 이자율 차이를 모두 다 파악하기 위해서는 정말로 많이 찾아보고 조사해야 한다. 직접 조사한 게 아니라 누가 조사, 정 리한 걸 보았다 하더라도 그 내용을 다 이해하고 다른 사람에게 전

달하기 위해서는 엄청난 공부가 필요하다.

B가 재테크, 금융에 대해 관심이 많고 공부를 많이 했다는 건 알겠다. 그런데 문제가 있다. B는 이런 풍부한 지식을 바탕으로 부자가 될 수 있을까? 다른 금융 상품보다 1~2% 정도 이자를 더 주는 상품들을 꿰뚫고 있는데, 이런 전문적 지식으로 앞으로 부자가 될 수 있을까?

미안하지만 아무리 봐도 그건 아닌 것 같다. 다른 사람이 노후에 월 100만 원 받을 때, B는 월 120만 원 받을 수는 있을 것이다. 무려 20%나 더 받으니 다른 사람들보다 나은 건 맞다. 하지만 부자가 될 수는 없다. 몇백 년 동안 이자율 1~2%를 더 받으면 부자가 될 수 있다. 그러나 앞으로 살아갈 몇십 년 사이에 이자율 1~2% 더 받는다고 부자가 되지는 못한다. B는 부자가 되기 위해 정말 열심히 공부하고 있지만, 부자가 되는 것과는 다른 공부를 하고 있다.

주식투자로 부자가 된 애널리스트는 없다

언젠가 애널리스트들의 생활에 대해 들었다. 애널리스트들은 열심히 산다. 새벽 일찍 일어나 전날 미국 증시를 점검한다. 전체 시장 분위기를 살피고, 담당 분야 기업들의 주가 움직임을 확인한다. 아침 7시면 회사에 도착해서 자료 검토를 하고, 그날 주식시장에 대비한 회의도 한다. 주식시장이 열리는 9시부터 장이 마감되는 오후 3시까지는 쉴 새 없이 주식의 움직임을 살펴본다.

기업의 컨퍼런스 콜마다 들어가서 기업 발표 내용을 듣고, 실적 발표 보고서를 검토한다. 미국의 물가, 고용 지표, 금리도 발표될 때마다 보아야 하고 한국의 물가, 고용, 금리 등에 관한 발표도 모두 실시간으로 확인하고 그 함의와 영향을 파악해야 한다.

애널리스트들의 정보량은 어마어마하다. 경제 상황 전반, 해당 산업의 상태, 담당 기업들에 대해 공개된 모든 정보를 알고 있다. 이 정보들은 경제상황에 따라 매일매일 달라진다. 이 정보들을 실시간으로 모두 체크한다는 것 자체가 어마어마한 시간과 에너지를 투자해야 하는 일이다. 주식과 관련된 정보에서 애널리스트들을 능가할 사람은 없을 것이다.

애널리스트들은 정말로 열심히 주식 정보를 모으고, 주식에 대해 잘 알고 있다. 이런 애널리스트들은 주식시장에서 큰돈을 벌고 있을까? 현직 애널리스트들은 본인이 직접 주식에 투자할 수 없다. 규정이 그렇다. 하지만 현직을 그만둔 이후에는 주식투자로 큰돈을 벌어야 하지 않을까?

애널리스트들은 현직을 그만둔 후에도 주식전문가로 활동하는 경우가 많다. 그런데 재미있게도 막상 주식투자로 큰돈을 버는 사람은 거의 못 보았다. 주식에 대한 노하우가 많이 있기는 한데, 그게 부자가 되는 것으로 연결되지는 못한다.

그 이유는 간단하다. 그날그날의 시황을 분석하는 것, 미국과 한국의 경제 상황을 체크하고 기업의 실적을 확인하는 것과 주식시장에서 수익을 얻는 것, 특히 큰 수익을 얻는 것은 큰 상관이 없기 때문이다. 주식시장을 알기 위한 공부와 주식에서 큰 수익을 얻기 위한 공부는 다른 것이기 때문이다.

사자가 영양을 사냥할 때 알아야 하는 것

아프리카 초원에서 사자들이 영양을 사냥한다고 하자. 이때 사자들은 영양 무리에 그냥 달려들어 사냥을 하는 게 아니다. 무리를 덮치기 전에 미리 어떤 영양을 공략할 것인가를 정하고, 그 한 마리만 집중적으로 공격한다. 사자들은 사냥에 들어가기 전, 멀리서 관찰하면서 그 영양에 대한 정보를 얻는다.

이때 알아야 할 정보는 그 영양이 얼마나 빨리 뛰느냐, 그리고 오래 뛸 수 있느냐다. 그 영양의 가족관계는 어떤지, 살아오면서 어떤 경험을 했는지, 취미는 무엇이고 특기는 무엇인지, 친구관계는 어떤지, 오늘 기분은 어떤지 등의 자료는 필요 없다. 이런 정보는 알면 좋다. 하지만 모른다고 특별히 문제가 되지는 않는다. 하지만 그 영양의 뛰는 속도와 지구력을 알지 못하고 사냥을 시작하면 실패한다.

또 영양의 뛰는 속도와 지구력을 잘 안다고 사냥에 성공하는 건 아니다. 자기들 사자들이 어느 정도의 속도로 뛰는지, 그리고 자기들은 얼마나 오랫동안 뛸 수 있는지도 알아야 한다. 자기들이 어느 정도로 뛸 수 있는지 모르고 영양에 대해서만 잘 아는 건 소용이 없다.

많은 사람이 재테크에 관심을 가지고 투자한다. 재테크를 하는 사람 중에는 공부를 전혀 하지 않는 사람도 있고 공부를 엄청나게 하면서 재테크를 하는 사람도 있다.

공부를 전혀 하지 않고 재테크를 하는 사람은 영양에 대해 아무것도 모르면서 영양 무리에 뛰어드는 사자와 같다. 영양을 잡기 위해 이리저리 땀 흘리며 뛰어다니기는 하겠지만 영양을 잡을 수는 없다. 영양을 잡기 위해서는 미리 공부가 필요하다. 재테크에 대해 공부를 해야 수익을 얻을 수 있는 것이다.

영양에 대해 공부해야 한다고 영양의 가족관계, 친구관계, 그동안 어떻게 살아왔는지 등을 조사할 필요는 없다. 이렇게 열심히 조사하면 영양에 대해 굉장히 많이 알게 되고, 자신의 넘쳐나는 지식에 대해 스스로 만족감도 느낄 것이다. 하지만 이런 지식은 영양을 사냥하는 것과는 아무 관계가 없다. 그 영양이 얼마나 빨리, 오래 달릴 수 있느냐에 대한 정보가 있어야 사냥에 성공할 수 있다.

세상을 잘 알기 위한 정보와 부자가 되기 위한 정보는 다르다. 좋은 사람이 되기 위한 정보와 부자가 되기 위한 정보도 다르다. 지식이 중요하다고 하지만 부자들이 다른 사람들보다 더 많이 알고 있는 건 아니다. 부자들은 부자가 되는 데 필요한 지식, 알아야 할 정보를 알고 있다고 보는 게 맞을 것이다.

부자가 되기 위해 필요한 지식이나 마음가짐, 그것을 이 책에서 이야기해보고자 한다.

| CONTENTS |

제5장 부자가 되기 위한
기본적인 투자 방법

제6장 알아두면 좋은 투자 방안

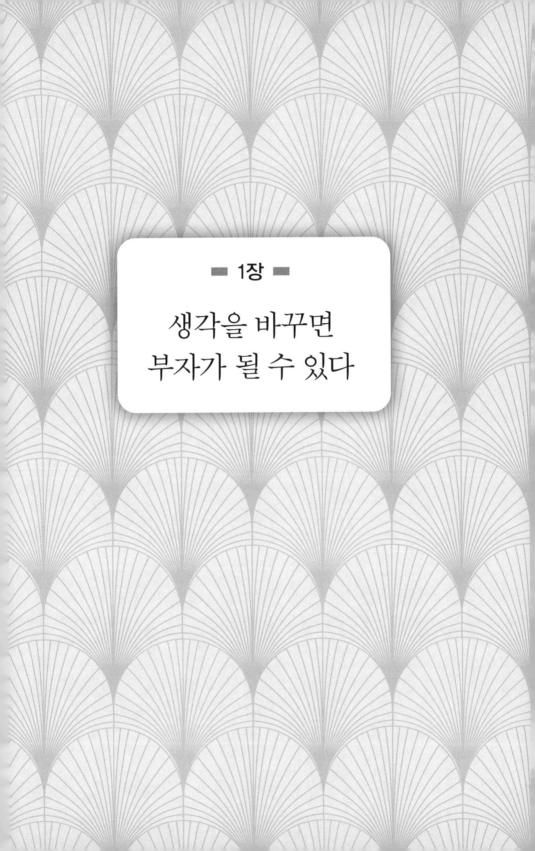

■ 1장 ■

생각을 바꾸면
부자가 될 수 있다

생각하라, 그러면 부유해진다

최선을 다하는 것만으로는 충분하지 않다.
무엇을 해야 하는지 알고 나서 최선을 다해야 한다.

– 에드워즈 데밍

『생각하라 그리고 부자가 되어라』는 자기계발 분야의 걸작으로 평가받는 책이다. 나폴레온 힐^{Napoleon Hill}이 쓴 책으로 1937년에 발간됐다. 무려 80년 전에 나온 책인데도 자기계발 분야에서 대표적인 고전으로 거론되며 지금까지 계속 읽히고 있다.

이 책은 강철왕 카네기^{Andrew Carnegie}의 의뢰로 만들어졌다. 카네기는 1800년대 중반 미국 철도붐이 일어났을 때 제철회사를 운영했다. 철도를 만들려면 철로와 교량이 대대적으로 필요했고, 여기에 철을 공급하기 위해 그는 제철회사를 세웠다. 카네기는 충분한 돈을 벌어 1868년경에 은퇴할 예정이었다. 그런데 이때쯤 영국에서 강철이 개발되었다. 그동안 주로 사용된 주철은 튼튼하기는 한데 충격을 세게 받으면 잘 깨졌다. 반면에 강철은 튼튼하면서도 부드러워서 충격에도 깨지지 않았다. 강철이 개발되면서 고층빌딩을 만들 수 있게 되었다. 이런 변화를 주시하던 카네기는 은퇴할 생각을 접었고, 강철 사업에 다시 투자를 시작해서 결국 세계 최대의 강철업자 즉 전 세계를 좌지우지하는 강철왕이 되었다.

1901년 카네기는 66세 때 은퇴한다. 자신의 철강회사는 J. P. 모건 John Pierpont Morgan 에게 4억 8000만 달러를 받고 팔았는데, 이 돈으로 카네기는 세계 제일의 갑부가 된다. 그리고 카네기는 본격적인 자선사업과 기부 활동을 시작한다.

카네기는 자선사업으로 엄청난 돈을 기부하고 다녔는데, 아무에게나 돈을 주지는 않았다. 잘 나가는 단체, 학교, 사람에게는 지원하지 않았다. 지원이 없어도 충분히 잘해나갈 수 있고, 카네기가 지원하지 않아도 다른 데서 지원을 받을 수 있다는 이유였다. 그리고 다른 사람들이 그저 돈이 없다는 이유로, 가난하다는 이유로 돈을 지원하지도 않았다. 그건 돈을 낭비하는 것으로 보았다. 카네기가 지원한 단체나 대상은 무언가를 열심히 하는 사람들이었다. 스스로 열심히 하고 있는데 지원해주면 훨씬 더 나아질 사람들, 단체들이 지원 대상이었다.

이렇게 자선사업을 하다가 카네기는 당시 작가였던 나폴레온 힐을 만난다. 카네기는 나폴레온 힐에게 어떻게 하면 성공할 수 있는지를 조사하고, 그 내용을 책으로 써서 사람들에게 알리자고 제안했다. 카네기는 당시 미국 최고의 부자였고, 또 기업가이자 명사였다. 카네기는 미국에서 성공한 많은 사람을 알고 있었고, 나폴레온 힐이 이들과 만나 인터뷰하고 자료 조사하는 활동을 지원했다. 나폴레온 힐은 카네기의 지원으로 성공한 사람들을 만나 이야기를 들을 수 있었고, 그 경험을 바탕으로 한 책을 출간했다.

이 책이 충격적이었던 것은 성공하기 위한 가장 중요한 조건으로 '생각'을 제시했다는 점이다. 생각, 사고방식, 즉 어떻게 생각하는가를 성공에 영향을 미치는 가장 중요한 요소로 보았다.

일반적으로 성공하기 위해, 부자가 되기 위해 필요한 게 무엇이라고 생각할까? 열심히 해야 하고, 학벌이 좋아야 하고, 인맥이 좋아야 하고, 부모의 지원이 필요하고, 자본도 필요하고, 운도 있어야 하고……, 이런 여러 가지를 먼저 떠올릴 것이다. 경제학에서는 기업이 잘되기 위해서는 자본, 인력, 기술이 필요하다고 본다. 그런데 나폴레온 힐의 결론은 전혀 달랐다. 생각, 사고방식이 가장 중요했다. 생각, 사고방식이 적정하지 않으면 다른 것들은 다 필요 없었다. 또 다른 것들이 없어도 사고방식이 적절하면 모두 갖춰질 수 있다고 보았다.

공부를 잘하려면 어떻게 해야 할까? 열심히 공부하는 것, 좋은 교재로 공부하는 것, 훌륭한 선생을 만나는 것, 좋은 강의를 듣는 것, 구성원이 잘 맞는 스터디 그룹을 만드는 것이 중요하지 않을까? 그런데 나폴레온 힐은 그런 것보다 생각, 사고방식이 더 중요하다고 보았다. 그래서 원서 제목이 '생각하라, 그러면 부유해진다$^{Think, and Grow Rich}$'이다.

그러면 사고방식이 성공에 미치는 영향력은 얼마나 될까? 주식투자를 한다고 하자. 주식투자에서 성공하기 위해서는 좋은 종목을 골라야 하고, 사고파는 타이밍을 잘 택해야 하고, 또 투자하기 위한 자본금도 필요하다. 주식투자에 대해 말하는 정보는 거의 다 이런 것들이다. 그런데 나폴레온 힐은 생각, 사고방식이 더 중요하다고 보았다. 더 중요하다고 봤다면 얼마나 더 중요할까? 어떤 종목을 선택하느냐가 더 중요할까, 사고방식이 더 중요할까? 그 비중은 어느 정도일까?

주목받는 금융 관련 책을 많이 쓴 미국의 토니 로빈스$^{Tony Robbins}$

는 사고방식이 성공의 80%를 차지한다고 보았다. 성공에 영향을 미치는 요소는 사고방식이 80%, 업무의 메커니즘이 20%라는 것이다. 즉, 투자를 할 때 필요한 것은 투자자로서의 사고방식이 80%이고, 어떤 종목인지, 언제 사고파는지, 자본금이 얼마인지, 얼마나 살 것인지 등은 다 합쳐서 20%의 비중을 차지한다.

성공하기 위해서는 지식을 얻는 게 중요하다고 생각하는가? 물론 지식을 얻는 게 중요하긴 하다. 그런데 지식을 얻을 수 있느냐, 아니냐는 얼마나 열심히 하느냐에 달린 게 아니다. 어디서 지식을 찾느냐에 달린 것도 아니다. 열심히 하면 100의 지식을 얻을 수 있고, 열심히 하지 않고 대강대강 하면 50의 지식을 얻는다. 사방에서 꼼꼼히 지식을 찾으면 100의 지식을 얻을 수 있고, 단순히 인터넷 검색 몇 번 돌리는 식이면 50의 지식을 얻을 수 있다.

그런데 이렇게 지식을 찾기 위해서는 전제 조건이 필요하다. 자기가 부족하다는 것을 알고, 무언가 모른다는 것을 알고, 무언가 해야겠다고 생각할 때 지식을 찾는다. 충분히 다 알고 있다고 생각하면 지식을 찾지 않는다. 자기가 전문가이고, 필요한 건 이미 다 알고 있고, 충분히 똑똑한 사람이라고 생각하면 지식을 필요로 하지 않는다. 즉, 교만하거나 자만하면 지식을 찾지 않는다.

또한 보다 나아지기를 원하지 않아도 마찬가지다. 성공을 바라지 않고 지금보다 나아지기를 원하지 않고, 지금 그대로 살기를 원하면 지식을 찾지 않는다. 지식을 얻는 데 가장 중요한 것은 어디서 어떤 지식을 찾느냐가 아니다. 더욱 나아지기를 원하는가 혹은 아닌가, 그리고 스스로에 대해 자만하는가 아닌가다. 즉, 사고방식, 그 사람의 내면 심리가 가장 중요하다. 메커니즘은 그다음이다.

투자도 마찬가지다. 어떤 종목이 오르리란 것을 미리 알면 그 종목에서 큰 수익을 올릴 수 있을까? 언제 사고 언제 팔아야 한다는 것을 알면 수익을 낼 수 있을까? 주식투자의 기본이라고 하는 분산투자 등을 잘 알면 수익이 날까? 이런 것은 주식투자의 메커니즘에 해당한다. 하지만 이런 것을 아무리 지식으로 갖추고 있어도 투자에서 성공하기는 어렵다.

많은 걸 알고 있어도 진짜로 돈을 들여 주식을 사기 위해서는 여기에 플러스 알파가 필요하다. 돈을 낸다는 것은 자기가 가진 무언가를 내놓는다는 이야기다. 그런데 이유가 무엇이든 자기가 가진 걸 내놓지 못하는 사람들이 있다. 손해를 싫어하는 사람, 확실한 것만 투자하고 불확실한 것을 싫어하는 사람은 주식을 사기 힘들다.

설사 크게 오를 주식을 사더라도 큰 수익을 얻지 못한다. 주식은 매일매일 계속해서 우상향으로 오르는 것이 아니다. 올랐다 내렸다, 폭등했다 폭락했다 하는 과정을 거치면서 오른다. 주식이 크게 오를 거라는 걸 100% 알면 뭐 하겠는가. 주식이 내려가는 것을 버티지 못하면, 그리고 폭등과 폭락을 견디지 못하면 주식을 계속 보유하지 못한다. 십중팔구 도중에 팔고 나오게 된다.

성공하기 위해서 필요한 것은 일단 사고방식, 심리다. 사고방식이란 착해야 한다, 공평해야 한다, 옳은 일을 해야 한다는 등의 도덕적인 성향을 말하는 게 아니다. 그런 것은 올바른 시민이 되기 위해 필요한 사고방식이지, 부자가 되기 위한 사고방식은 아니다. 다음에서는 부자가 되기 위해 필요한 대표적 사고방식으로 무엇이 있는지 살펴보겠다.

부자가 될 수 있다는 믿음이 중요하다 - 빅터 브룸의 기대 이론

매슬로의 욕구 단계 이론 외에 모든 경영학, 행정학, 심리학 교재에 나오는 또 하나의 동기 이론이 있다. 빅터 브룸$^{\text{Victor Vroom}}$의 기대 이론$^{\text{expectancy theory of Vroom}}$이다. 매슬로의 욕구 단계 이론은 사람들이 무엇을 원하는가, 무엇을 준다고 하면 사람들이 열심히 달려드는가에 관한 연구다. 이와 비교해보면, 브룸의 기대 이론은 사람들이 어떤 심리적인 과정을 거쳐 열심히 하려고 하는가에 관해 이야기한다.

브룸의 기대 이론은 다음의 공식으로 이루어진다.

동기부여의 강도 = 기대 x 수단성 x 보상의 가치

기대는 '노력하면 원하는 결과가 달성될 수 있다는 계산된 확률'을 의미한다. 쉽게 말하면 내가 열심히 하면 원하는 결과가 나올 수 있는가에 대한 자기 자신의 생각이다.

토익 900점을 받고 싶다고 하자. 많은 대학생, 취준생이 토익

900점 이상을 받으면 좋겠다고 생각한다. 토익 900점이 목표다. 그런데 토익 900점이라는 같은 목표, 소망을 가졌다고 해도 모든 대학생이 똑같이 공부를 하는 것은 아니다.

'나는 열심히 하면 토익 900점을 맞을 수 있어'라고 생각하는 사람은 열심히 토익 공부를 한다. 하지만 '내가 어떻게 토익 900점을 맞아? 난 아무리 해도 그 점수는 못 받을 거야'라고 생각하면 열심히 공부하지 않는다.

'나는 분명 로또에 당첨될 수 있을 거야'라고 생각하는 사람은 매주 로또를 산다. 하지만 '내가 로또에 당첨될 일은 없을 거야'라고 생각하는 사람은 로또를 사지 않는다. 로또가 당첨될 확률은 800만 분의 1이다. 모든 사람에게 동일한 확률이다. 하지만 어떤 사람은 나도 가능성이 있다고 생각하고, 어떤 사람은 나는 그럴 일이 없다고 생각한다. 이 차이가 동기부여의 차이로 나타나고, 나아가 행동으로 나타난다.

그 목적이 무엇이든 간에, '나도 할 수 있다'라고 생각하면 위의 공식에서 기대값은 1에 가까워진다. 동기부여가 되고 노력을 하고 행동의 변화가 일어날 수 있다. '나는 안 돼'라고 생각하면 기대값은 0에 가깝다. 동기부여가 안 되고 그 이후의 변화도 일어나지 않는다.

수단성은 '원하는 결과가 달성되었을 때 보상을 받을 수 있는 확률'이다. 토익 900점을 목표로 공부하는 사람들의 진짜 목적은 토익 900점이 아니다. 취직이 더 잘된다거나, 승진이 잘된다거나 하는 보상을 기대하고 토익 900점을 맞고자 한다. 토익 900점을 받았을 때, 어느 정도 취업 확률이 높아지느냐가 수단성이다.

토익 900점을 받았을 때 분명히 취업이 된다면 수단성의 값은 100%다. 이런 조건이라면 토익 공부를 열심히 하게 된다. 그런데 토익 900점을 받아도 취업될 확률이 0이라면 토익 공부를 하지 않는다. 토익 900점을 맞을 수 있다고 해도 공부를 하지 않는다.

로또는 당첨이 되면 분명히 당첨금이 나온다. 이런 조건이 구매 동기를 높여준다. 그런데 당첨이 되어도 당첨금이 나올지 안 나올지 모른다면(수단성이 낮다면) 로또를 사려는 동기는 확 떨어진다.

마지막으로 보상의 가치는 '결과가 달성되었을 때 받을 수 있는 보상의 가치'를 말한다. 쉽게 말해서, 최종적인 결과를 내가 어떻게 생각하느냐, 내가 그 결과에 어느 정도 가치를 두느냐의 문제다. 토익 900점을 받으면 취업이 된다고 하자. 이때 취업을 하고자 하는 사람들은 열심히 토익 공부를 한다. 그런데 취업을 원하지 않는 사람이 있다. 창업을 하려고 하거나 해외여행을 가고 싶다거나 등의 이유로 취업을 하려고 하지 않는다. 이런 사람은 토익 900점을 받으려고 노력하지 않는다. 공부하면 분명히 토익 900점을 받을 수 있다고 해도(기대), 토익 900점을 받으면 분명히 취업이 된다고 해도(수단성), 그래도 토익 공부를 하지 않는다.

돈이 필요하다, 돈이 있으면 좋겠다는 사람들이 로또를 산다. 나는 돈이 별로 중요하지 않아, 10억이란 큰돈은 필요 없어, 하는 사람은 로또를 사지 않는다. '나는 운이 좋아 분명 로또에 당첨될 수 있어'라고 생각하더라도 돈 자체가 별로 중요하지 않다고 생각하는 사람은 로또를 사지 않는다.

동기부여는 기대, 수단성, 보상의 가치, 이 세 가지의 곱으로 이루어진다. 브룸의 이론에서 중요한 것은 동기부여가 이 세 가지 요인의 합으로 이루어지는 것이 아니라, 곱으로 이루어진다는 점이다. 곱에서는 이 중 하나의 가치가 0이 되면 전체 값이 0이 된다. 아무리 보상의 가치가 크고 수단성이 높다 하더라도 스스로 생각해서 자신이 할 수 없는 일이라고 생각하면 시도하지 않는다. 자신이 할 수 있고 분명히 그에 대한 보상이 주어진다고 하더라도, 그 보상이 자신이 원하는 것이 아니라면 시도하지 않는다.

브룸의 이론에서는 개인이 생각하는 바가 무엇이냐가 가장 중요한 것이다. 사실관계가 어떠하든, 개인이 자신을 어떻게 생각하느냐가 핵심이다. 내가 가능하다고 생각하느냐 아니냐의 여부, 즉 아무리 객관적으로 불가능하다 하더라도 본인이 가능하다고 생각하면 노력한다. 주변에서 아무리 가능하다고 해도 본인 스스로 어렵다고 생각하면 노력하지 않는다.

그렇다면 브룸의 기대 이론에 비추어볼 때, 부자가 되기 위해서는 어떻게 해야 할까? 일단 자기 자신이 부자가 될 수 있다고 믿어야 한다. '나도 부자가 될 수 있어'라고 생각해야 무언가를 할 수 있다. '내가 어떻게 부자가 되겠어?'라고 생각하는 사람은 아무것도 할 수 없다. 그리고 '나도 부자가 될 수 있어'라고 믿는 정도가 강할수록 동기부여가 잘된다. 위의 공식에서 기대값이 1에 가까울수록 효과가 크다. 기대값이 50%면 동기부여의 효과도 절반으로 떨어진다.

또 부자가 된다는 것에 스스로 가치를 부여해야 한다. 부자가 되고 싶어 해야 보상의 가치값이 1에 가까워지고 그만큼 동기부여가 강해진다. 그에 따라 행동의 변화도 일어난다. '나는 별로 부자가 되고 싶지 않아', '부자가 된다고 해서 뭐가 행복해지겠어', 이런 사고방식이면 보상의 가치가 낮다. 동기부여가 되지 않고, 달라지는 것도 없다.

나는 부자가 될 수 있어, 나는 부자가 되고 싶어, 이렇게 기대와 보상의 가치를 1에 가깝게 하고, 다음으로 부자가 될 수 있는 수단성에 초점을 맞춰야 한다. 수단성은 자신의 목표인 부자가 되는 방법에 대한 것이다. 부자가 될 수 있는 가능성이 높은 수단을 찾아서, 그 일을 해야 한다. 자기 업무든 부업이든 주식이든 부동산이든, 수단성의 확률을 더욱 높여주는 방법을 계속 찾아서 실행해야 한다. 나는 골프를 잘 칠 수 있어, 나는 골프를 잘 치고 싶어, 하고 아무리 생각하더라도, 골프채를 잡지 않고 탁구채만 들고 있다면 골프를 잘 칠 수 없는 것과 같다.

수많은 자기계발서에서 이야기하는 '나는 할 수 있다', '먼저 원해야 한다'라는 주장은 그저 괜히 하는 말이 아니다. 이게 정말로 중요하다는 것을 브룸의 기대 이론은 말하고 있다.

지금 내 문제의 원인은 나에게 있다

부질없는 외침 '불공평해!' 무언가를 불공평하다고 생각하려면 스스로를 다른 사람이나 집단과 비교해야 한다. "다들 하는데 나라고 왜 못 해?" "네가 나보다 더 많이 가지는 건 공평치 않아." 이 경우, 우리는 다른 사람의 행동을 바탕으로 나에게 무엇이 좋은지 판단하고 있는 것이다. 이제 내 감정의 지휘자는 바로 그들이 된다. 때문에 "불공평해!" 게임을 하는 사람은 스스로를 신뢰하지 않는 사람이며 타율적인 외부 지향적 사고에 지배되고 있는 사람이다.
— 웨인 다이어

경영학에서 중요하게 다뤄지는 심리 이론 중 하나로 귀인 이론 attribution theory이 있다. 귀인 이론은 자신이나 다른 사람들의 행동 원인을 찾아내기 위해 추론하는 과정을 설명한 심리 이론이다. 일이 발생한 원인이 어디에 있는가, 그 원인은 어디에 귀속되는가에 대한 논의라고 해서 귀인歸因 이론이라고 부른다.

어떤 일이 발생했을 때 그 원인이 어디에 있는가에 대해서는 크게 두 가지 방향이 있다. 하나는 그 원인이 자기 자신에게 있다고 생각하는 것이다. 내가 잘못해서 일이 이렇게 되었다, 내가 잘해서 일이 잘 풀리게 되었다는 식으로, 나 자신이 그 일의 원인이다. 다른 하나는 그 원인이 내가 아니라 외부에 있다고 본다. 환경 때문에, 아니면 다른 사람 때문에 그렇게 되었다고 분석한다. 나는 잘했지만 주변 환경이 도와주지 않아서 일이 제대로 되지 않았다, 저놈 때문에 이렇게 되었다, 사회가 잘못되어서 내가 이 모양 이 꼴이라고 생각한다. 나는 별로 한 게 없는데 운이 좋아서, 주변에서 도와주어서 일이 잘 풀렸다고 보는 것도 외부 중심적 시각이다.

귀인 이론의 관점에서 합리적인 사람이라면 이런 식으로 생각해야 한다.

	좋은 일이 발생했을 때	나쁜 일이 발생했을 때
자기 자신에게 원인이 있다고 생각하는 사람	내가 잘해서 잘되었다	내가 못해서 안 되었다
주변 환경에 원인이 있다고 생각하는 사람	주변 환경 때문에 잘되었다	주변 환경 때문에 안 되었다

〈표〉 귀인 이론의 사고

자기 자신이 원인이라고 생각하는 사람이라면, 좋은 일이든 나쁜 일이든 내가 원인이라고 생각해야 한다. 주변 환경이 원인이라고 생각하는 사람이라면 좋은 일이든 나쁜 일이든 환경이 원인이라고 생각해야 한다. 그게 앞뒤가 맞다.

그런데 실제 사람들은 그런 식으로 합리적으로 생각하지 않는다. 사람들은 강력한 심리 방어 기제를 가지고 있다. 좀 더 쉬운 말로 하면 이기적이다. 그래서 좋은 일과 나쁜 일의 원인들을 다르게 생각한다.

보통 사람들의 사고방식은 이런 식으로 굴러간다.

보통 사람들의 사고방식	
좋은 일이 발생했을 때	내가 잘해서 일이 잘 풀렸다. 주변 환경이 도와준 것도 있지만, 기본적으로 내가 잘해서 잘된 것이다
나쁜 일이 발생했을 때	나는 문제가 없는데, 다른 사람 때문에, 환경 때문에 일을 망쳤다

〈표〉 일반적인 사고방식

이런 사고방식의 좋은 점은 무엇일까? 무엇보다 나 자신이 굉장히 행복하다. 잘된 건 나 때문이다. 나는 잘난 사람이다. 그리고 안 된 건 다른 놈들 때문이다. 사회가 제대로 굴러가지 않아서 일이 안 된 것이다. 나는 아무 문제 없다. 나는 비판의 대상이 아니며 항상 옳다. 얼마나 마음이 편안하겠나. 그래서 마음의 평화를 추구하는 심리학에서는 항상 나 자신을 소중하게 여기고 자존감을 가지라고 한다. 내가 잘못해서 그런 게 아니라는 것을 강조한다. 그래야 마음 이 평안하고 행복을 얻을 수 있다.

그런데 문제가 있다. 내가 시험을 망친 이유는 무엇일까? 내가 공 부를 안 해서가 아니다. 시험 문제가 이상하게 출제되어서다. 진정 한 실력을 측정하지 않고 학생들을 줄 세우는 평가 제도의 문제다. 이렇게 생각하면 마음은 편하다. 그런데 나는 발전하지 않는다. 내 가 공부를 안 해서, 내가 부족해서 시험을 망쳤다고 생각하면 앞으 로 열심히 공부해서 좋은 성적을 올릴 수 있다. 그런데 시험 문제, 교육 제도가 문제라면 내가 좋은 성적을 올릴 수 있는 길은 없다. 이 사회가 바뀌어야 하는데 그건 내가 할 수 있는 일도 아니고, 시간도 오래 걸린다. 나는 그냥 성적 나쁜 학생으로 졸업해야 한다.

내가 가난한 이유는 무엇일까? 나에게 문제가 있다고 생각하면 지금부터 무언가를 시도해서 나아질 수 있다. 내가 성실하지 않아 서 가난한 거라면 지금부터 성실하게 변하면 잘살 수 있는 길이 생 긴다. 내가 실력이 부족해서라면 실력을 늘리면 되고, 내가 사람들 과 소통을 잘하지 못하는 거라면 소통을 잘하면 나아질 수 있다. 하 지만 이 사회가 잘못되어서 내가 가난한 거라면, 내가 잘살기 위해 서 할 수 있는 일은 없다. 그냥 몇 년에 한 번 선거에 투표하면서 당 선자들이 사회를 제대로 바꿔주기를 기다리는 수밖에 없다.

경영학의 기본은 '항상 자기 자신이 원인이라고 생각하라'이다. 이게 진리이기 때문에 이렇게 생각하라는 것이 아니다. 자기 자신이 원인이라고 생각해야 무언가를 바꿔보려고 노력할 수 있기 때문이다. 경쟁기업 때문에 내가 망한다, 사회가 잘못되어서 내가 망한다고 생각하면 내가 어떻게 할 수 있는 게 없다. 그냥 경쟁기업에 끌려가다가 망해가는 수밖에 없다. 내가 원인이라고 생각해야, 나에게 무언가 문제가 있다고 생각해야 방법을 찾을 수 있다. 나의 단점, 나의 문제점을 찾아 바꾸려 노력하게 되고, 개선할 수 있다.

물론 나 자신은 문제가 없고, 사회가 문제일 수도 있다. 하지만 그럼에도 나 자신이 문제라고 생각해야 한다. 그래야 무언가 시도할 수 있다. 잘된 일에는 환경 탓을 해도 된다. 내가 뛰어나서 잘된 게 아니라 단순히 운이 좋았을 뿐이라고 말하는 것은 겸손해 보여서 이미지에도 좋다. 하지만 안 좋은 일은 나 자신이 원인이라고 생각해야 한다. 그래야 무언가를 바꿀 수 있고 나아질 가능성이 생긴다.

이런 식으로 생각하면 나 자신이 행복하지 않다. 내가 공부를 못하는 것은 내 잘못이고, 내가 잘살지 못하는 것도 내 잘못이다. 내가 행복하지 못한 것도 나 때문이다. 모두 나에게 문제가 있으니 행복하다고 느낄 수가 없다.

내가 잘되면 그때는 굉장히 행복할 것이다. 내가 잘해서, 내가 잘나서 잘된 것이니 얼마나 행복하겠나. 하지만 그렇게 잘되기 전에는 행복하지 않고, 나 자신의 부족함에 항상 콤플렉스를 느껴야 한다.

결국 둘 중 하나를 선택해야 한다. 첫째, 내가 잘되지 못한 원인을 모두 다른 사람, 사회에 돌리고 나는 행복해하는 것. 이때 마음은 괴롭지 않겠지만 제대로 잘살 수는 없을 것이다. 둘째, 지금 내가 이렇게 사는 건 내가 무언가 잘못해서라고 생각하고 그것을 바꾸려고 노력하는 것. 이때 행복은 느끼기 힘들겠지만 앞으로 나아질 수는 있을 것이다.

남 탓 하면서, 사회를 탓하면서 내 마음은 편하게 사는 것도 하나의 방편이다. 하지만 부자가 되고 싶다면, 잘살고 싶다면 그렇게 생각해서는 안 된다. 비록 내가 힘들더라도 일이 풀리지 않는 것은 내 탓이라고 생각해야 한다. 내가 무언가를 잘하지 못하기 때문이라고 생각해야 한다. 그렇게 생각해야 나 자신을 바꾸려고 노력할 수 있고 실제로 무언가 달라질 수 있다. 잘못 되는 것은 내 탓이다. 그렇게 생각해야 부자가 되는 길이 열린다.

빈곤층의 사고방식, 부유층의 사고방식

세상은 사람의 의식 수준에 걸맞게 지각되고 해석된다. 낮은 의식 수준에서는 세상이 비극적이고, 슬프고, 비참하고 두렵게 나타난다. 이와 반대로 높은 의식 수준에서 세상은 유혹적이고 흥미진진하며, 도전적으로 비춰진다.

– 데이비드 호킨스, 『내 안의 참나를 만나다』(판미동, 2008) 중에서

루비 페인^{Ruby K. Payne}이란 교육자가 있었다. 루비 페인은 평생 빈곤층 아이들의 삶을 증진시키기 위해서 노력해왔다. 30년 동안 빈곤한 가정의 아이들을 교육하면서, 이 아이들이 앞으로는 더욱 잘 살 수 있도록 지원했다. 그런데 효과가 거의 없었다. 몇몇 아이가 빈곤에서 벗어나기는 했어도 대부분의 아이들은 자라나서도 가난하게 살고 있었다.

우리는 가난에서 벗어나는 데 교육이 중요하다고 생각한다. 더욱 잘살기 위해서도 교육이 필요하다. 그 믿음을 가지고 평생 가난한 아이들을 교육했는데도 아이들의 삶은 나아지지 않았다. 빈곤한 아이들은 빈곤한 부모로 자라고, 또 빈곤한 아이들이 태어났다. 이렇게 가난이 이어지는 이유는 무엇이었을까? 교육 받지 못해서도, 직업이 없어서도, 자금이 부족해서도 아니었다. 그게 정말 이유라면 교육을 받거나 직업을 얻거나 지원금을 받아서 가난에서 벗어나야 한다. 하지만 가난한 사람들은 직업을 얻어도, 지원금을 받아도 계속 가난했다.

루비 페인은 가난이 대물림되는 이유를 발견했다. 가난한 사람들의 사고방식이 주된 원인이었다. 저축을 예로 들어 보자. 가난한 사람들은 돈이 생기면 바로 써버린다. 적은 돈이 들어오면 혼자 다 쓰고, 큰돈이 들어오면 주변 사람들하고 같이 써버린다.

루비 페인은 아이들에게 저축을 가르쳤다. 하지만 소용없었다. 가난한 사람들은 돈이 생기면 바로 써버렸기 때문이다. 저축이 중요하다는 것을 알고 저축해야 하는데, 가족들과 주변 사람들 모두 그렇게 하지 않았다.

일단 이들은 돈을 저축해야 한다는 생각이 없었다. 돈이 있으면 써야 한다는 사고방식을 가지고 있었다. 결국 루비 페인은 빈곤층 사람들, 중간층 사람들, 부유층 사람들의 사고방식이 서로 다르다는 사실을 알게 됐다. 단순히 돈이 적고 많은 것이 문제가 아니었다. 돈이 아무리 많아도 빈곤층의 사고방식을 가지면 빈곤층이 된다. 돈이 없어도 부유층의 사고방식을 가지면 부유층이 된다. 중요한 것은 사고방식이었다.

사고방식이 자식들에게 대물림되면서 사회계층도 대물림된다. 가난에서 벗어나기 위해서는 먼저 사고방식부터 바꾸어야 한다. 중산층이 되려면 중산층의 사고방식을 가져야 하고, 부유층이 되려면 부유층의 사고방식을 가져야 한다. 루비 페인은 이러한 측면을 발견하고 이에 관한 책을 썼다. 『계층이동의 사다리』(황금사자, 2011)라는 책이다.

다음 표는 루비 페인이 이 책에서 제시한 사회계층에 따른 의식의 차이다.

구분	빈곤층	중산층	부유층
재산	사람이 재산이다	물건이 재산이다	하나뿐인 물건, 한정적인 물건이 중요하다
돈	돈이 생기면 바로 쓴다 돈은 소비하는 것이다	돈은 저축하고 관리해야 한다	돈은 보존하고 투자해야 한다
사회적으로 중시하는 것	좋아하는 사람들과 같이 있는 것이 중요하다	자급자족과 경제적 독립이 중요하다	자기들끼리만 어울림 타인은 신경 쓰지 않는다
음식	핵심: 배부르게 먹었나? 양이 중요하다	핵심: 맛이 있었나? 질이 중요하다	핵심: 보기 좋았나? 모양새가 중요하다
옷	개인의 스타일과 개성 표현이 중요하다	품질과 상표가 중요하다	예술적 감각과 표현, 디자이너가 중요하다
교육	교육이 중요하다고 말은 하지만, 실제적으로는 교육에 투자하지 않는다	교육은 성공의 사다리를 올라가고 부유해지는 데 핵심적 요소다	교육은 인맥을 만들고 유지하는 데 필요하다
운명	운명을 믿는다	선택을 믿는다 지금 선택 잘하면 미래가 바뀔 수 있다	노블레스 오블리주
언어	언어는 생존과 관련된다 일상 언어 위주	언어는 협상과 관련된다 격식 있는 언어 위주	언어는 인맥과 관련된다 격식 있는 언어 위주
세계관	지역사회 관점으로 본다	국가 관점으로 본다	세계적 관점으로 본다

〈표〉 사회계층에 따른 의식의 차이

돈과 관련된 사고방식을 보자. 빈곤층은 돈이 생기면 바로 쓴다. 돈은 소비하는 것이다. 여윳돈이 생기면 그동안 하고 싶은 것, 먹고 싶은 것을 위해 사용한다. 중산층은 저축해야 한다고 생각한다. 돈을 모으고 또 돈을 잘 관리해야 한다고 본다. 수입과 지출을 관리하는 데 초점을 둔다. 부유층은 돈이 있으면 투자를 생각한다.

돈을 바로바로 소비하는 사람들은 아무리 돈이 많아도 소용없다. 결국은 빈곤층이 된다. 미국에서 NBA 등 프로 운동선수들은 몇 십억, 몇 백억 원의 엄청난 연봉을 받는다. 모두 백만장자들인데, 희한하게 은퇴하면 몇 년 내에 파산 신청을 하는 사람들이 많다. 돈을 그냥 써버리는 빈곤층 사고방식 때문이다.

중산층 사고방식을 가진 사람들은 돈을 모으고 관리하는 데 초점을 맞춘다. 가계부를 쓰기도 하고, 지출을 줄이기 위해 상당한 노력을 한다. 중산층 사고방식을 가지고 돈을 관리하는 사람들의 재산은 늘어난다. 그런데 한계가 있다. 연봉 몇 억 수준을 넘지 않는 한, 돈을 저축하는 것만으로는 부자가 될 수 없다. 여유 있는 중산층은 될 수 있다. 하지만 진짜 부자는 되지 못한다. 저축으로 부자가 되었다는 사람은 없다.

부유층이 되기 위해서, 그리고 부자로서 살아가기 위해서는 바로 투자를 해야 한다. 투자를 긍정적으로 보고, 또 실제 투자를 해야 한다. 돈을 잃든 벌든, 어쨌든 계속 투자해야 한다. 그게 부유층의 사고방식이다.

앞의 표를 다시 들여다보자. 그리고 자신이 지금 어떤 생각을 하고 있는지, 그리고 어떻게 생각을 바꾸어야 할지를 점검해보자. 부자가 되려면 일단 부유층의 사고방식을 갖춰야 한다. 그 기준으로 생각하고 행동해야 부자가 될 수 있다. 아무리 부자가 되려고 노력해도 중산층의 사고방식을 가지고 행동한다면 부자가 될 수 없다.

지금 내가 따로 배우는 것이 아무것도 없고, 앞으로 배우려고 생각하지 않는다면 나는 빈곤층이다. 명품을 좋아하고 명품을 가지려고 노력한다면 중산층이다. 운명을 믿으면 빈곤층이고, 세계를 생각하지 않고 한국만 바라본다면 중산층이다. 관용구나 유행어만 자주 쓴다면 빈곤층이고, 고급 레스토랑은 음식이 쥐꼬리만큼 나온다고 비판하면 빈곤층이다.

이런 사고방식을 바꾸는 것은 성격을 바꾸는 것과 달리 그리 어렵지 않다. 물론 저절로 바뀌기는 힘들다. 하지만 스스로 의식하고 의도적으로 생각하면 쉽게 바꿀 수 있다. 먼저 부유층의 사고방식을 가져야 한다. 그래야 부자가 될 수 있다.

우리에게 필요한 것은 향상적 동기이다

최근에 단 한 번이라도 오후 전체, 아니면 최소한 한 시간 정도 시간을
내어 펜을 손에 쥐고 어떻게 하면 돈을 더 많이 벌 수 있을지 연구해보
신 분 있으면 손들어 보세요.

– 마크 피셔

인간 행동에서 목적과 동기는 중요하다. 인간을 이성의 동물이라
고 하지만, 아무런 목적이 없이 그냥 이성을 작동시키지는 않는다.
먼저 본인이 원하는 것, 즉 목적과 동기가 있다. 그 다음에 그 목적
을 달성할 수 있는 방법을 찾고자 이성이 움직인다. 따라서 목적이
행동과 방향을 정하는 데 가장 중요하다.

그런데 목적이나 동기는 크게 두 가지로 구분된다. 향상적 동기
와 예방적 동기다. 향상적 동기는 앞으로 더욱더 나아지려는 동기
다. 이에 비교해 예방적 동기는 앞으로 다가올 것으로 예상되는 불
행을 피하고자 하는 동기다. 사람들은 동기를 가지고 있다고 해도
그것이 향상적 동기인가, 예방적 동기인가에 따라 사고방식과 행동
방식이 완전히 달라진다.

운동을 하려고 결심한다고 치자. 향상적 동기를 가진 사람은 살
을 빼기 위해, 근육질 몸을 만들기 위해, 몸은 더 튼튼히 하기 위해
운동하는 사람들이다. 지금보다 더 나은 몸을 만들기 위해서 운동을
한다. 예방적 동기를 가진 사람은 몸이 나빠지지 않기 위해 운동을

한다. 운동을 하지 않으면 병에 걸리거나 몸이 안 좋아진다고 하니, 그걸 막기 위해 운동한다. 거북목을 막기 위해 스트레칭을 하고, 근육이 감소되지 않도록 하기 위해 운동한다.

이 둘은 똑같이 열심히 운동한다. 하고 있는 운동도 똑같다. 하지만 이들의 동기가 무엇인가에 따라 운동하는 심리는 완전히 달라진다.

향상적 동기를 가진 사람은 미래에 대해 희망을 가지고 있다. 운동을 해서 앞으로 더 좋은 몸매가 될 것을 기대한다. 즐거운 마음으로 운동을 할 수 있다. 운동하지 않으면 현상 유지를 하지만, 운동을 하면 더욱 좋아진다. 희망과 미래에 대한 기대감은 있어도 불안감은 없다.

이와 비교해서 예방적 동기를 가진 사람은 운동하지 않으면 몸이 망가질 수 있다는 것을 걱정한다. 운동을 열심히 하면 병에 안 걸리는 것이고, 운동을 하지 않으면 병에 걸리는 것이다. 운동하면 현상을 유지할 뿐이다. 더 좋아지는 것은 없다. 현상 유지냐 아니면 더 나빠지느냐 사이의 선택이다. 즐거움은 없고 걱정이나 불안감만 있다.

둘 중에 누가 운동 효과가 더 클까? 향상적 동기를 가진 사람이다. 향상적 동기를 가진 사람은 현재의 건강을 유지하면서, 즉 예방적 동기를 충족하면서 그에 더하여 몸이 향상된다. 무엇보다 향상적 동기를 가진 사람은 즐거운 마음으로 운동을 할 수 있다. 미래에 대해 기대하고, 실제 변화를 만들어낸다.

예방적 동기는 현상 유지가 목적이다. 열심히 하면 목적을 달성하는 것이고, 그러면 지금 상태로 몸이 유지된다. 나빠진 것은 없지만 그렇다고 나아진 것도 없다. 열심히 하지만 변화는 없다. 우리는 동기를 가져야 한다고 말하지만, 아무 동기나 가진다고 변화가 생기는 것은 아니다. 향상적 동기를 가져야 한다. 그래야 무언가 나아지고 실질적인 변화를 만들어낼 수 있다. 예방적 동기로는 목적을 가지고 열심히 노력하더라도 별로 변하는 게 없다.

돈을 벌자, 부자가 되자, 하는 목적에도 향상적 동기가 있고 예방적 동기가 있다. 향상적 동기를 가진 사람들은 무언가 지금보다 더 나은 생활을 위해서 큰돈을 벌고자 한다. 지금까지 하지 못한 무언가 새로운 일을 하기 위해서는 돈이 필요하다. 지금까지 자신이 달성하지 못한 부자가 되는 것 그 자체가 목적일 수도 있다. 어쨌든 지금 자신이 가지지 못한 무언가를 목적으로 한다.

예방적 동기를 가진 사람들은 미래를 걱정하면서 돈을 벌고자 하는 사람들이다. 이대로 나중에 정년퇴직하면 돈이 없어진다. 국민연금이 나온다고는 하지만 그 돈으로는 살아갈 수 없다. 퇴직 후 노년에 경제적으로 어려워지지 않으려면 지금 돈을 벌어야 한다.

몇 년 후 살고 있는 전세금이 올라갈 것이다. 그때까지 더 오를 전세금을 마련하지 못하면 지금의 집에서 나와야 한다. 그러니 전세금을 벌어야 한다. 이런 것은 예방적 동기들이다.

예방적 동기는 큰 부자가 되는 것이 목적이 아니라, 기본적으로 현상 유지가 목적이다. 더 나아지는 것을 목적으로 한다고 해도, 그저 주변 사람들 생활수준만큼 따라가는 것을 기대수준으로 삼는다. 주위 사람들보다 뒤처지지 않는 것, 지금 생활을 앞으로도 계속 유지하는 것, 특히 직장이 없어질 때를 대비하는 것이 주된 목적이다.

부자가 되기 위해서는 어떤 동기를 가져야 할까? 정말로 부자가 되기 위해서라면 향상적 동기를 가져야 한다. 불안한 앞날을 대비하기 위해서, 노년을 준비하기 위해서 부자가 되려고 하면 곤란하다. 그런 예방적 동기로 실제 부자가 되기는 힘들다. 다른 사람들보다 조금 나은 수준의 부자는 될 수 있을 것이다. 하지만 실제 사람들이 생각하는 부자의 삶, 즉 직장 수입에 얽매이지 않는 부자의 삶을 누리기에는 한계가 있다.

똑같이 투자를 하더라도 향상적 동기를 가지느냐, 예방적 동기를 가지느냐에 따라 투자 형태도 완전히 달라진다. 일단 목표 액수가 달라진다. 향상적 동기일 때 훨씬 더 큰 금액을 목적으로 하게 된다. 예방적 동기일 때, 그러니까 노후를 걱정해서 하는 투자는 목표 금액이 많아야 10억 원대일 것이다. 노후를 위해서라면 웬만해서는 그 이상의 금액은 필요하지 않다. 하지만 향상적 동기에서는 몇 십억 원을 훨씬 넘는 수준도 목표로 할 수 있다. 이런 목표 금액의 차이는 필연적으로 투자 방법과 형태에도 영향을 미친다. 그리고 예방적 동기보다 향상적 동기에서 더 장기적인 투자를 하게 된다. 회사를 그만두었을 때를 목적으로 하는 예방적 동기에서는 60세 될 때까지가 대상이다. 하지만 향상적 동기에서는 70세, 80세가 되어서도 계속 적극적으로 투자를 할 수 있다. 훨씬 더 오랜 기간을 고려할 수 있고, 이에 따라 투자 방법에서도 차이가 난다.

부자가 된 다음에도 향상적 동기를 가지느냐, 예방적 동기를 가지느냐가 중요하다. 예방적 동기를 가진 사람은 집 한 채 가지고 어느 정도 여유 있게 살게 되면 이제는 됐다고 만족한다. 목적이 달성되었기에 그 이상은 나아지려고 하지 않고 현실에 안주한다. 그때부터는 지키는 투자로 변화한다. 하지만 향상적 동기를 가진 사람은 그 상태에 만족하지 않고 계속 투자 대상을 찾는다. 결국 큰 부자는 향상적 동기를 가진 사람 중에서 나온다.

　스스로 내게는 목적이 있고, 목적을 계속 추구하고 있다고 생각한다면, 그 목적을 검토해보자. 실제로 많은 사람의 목적이 예방적동기다. 예방적 동기보다 향상적 동기를 가질 때 개선 가능성이 크다는 것을 마음에 새기자.

행복해지고 싶으면 부자가 되자

부자가 되는 것에 거부감을 표시하는 사람들이 있다. 이런 사람들이 하는 대표적인 말이 '부자가 행복하지는 않다'라는 이야기다. 사람들이 바라는 것은 행복한 삶이다. 사람들은 부자가 되면 행복해질 거라고 생각하지만, 사실 부자가 된다고 행복한 것은 아니다. 오히려 돈 때문에 고통받고, 가족, 친척들은 돈 때문에 싸운다. 그러니 부자가 되기를 원하고 추구해야 할 필요가 없다는 논리다.

그런데 실제로 부자가 되면 더 행복해지는 걸까, 아니면 더 불행해지는 걸까? 현대 과학은 이에 대해 어떤 이야기를 할까?

경제학에서 돈과 행복의 관계에 관한 가장 유명한 연구는 이스털린 패러독스Easterlin's paradox다. 미국의 경제학자 리처드 이스털린Richard Easterlin은 소득에 따라 행복도가 증가하는지, 즉 부자가 되면 정말로 행복한지 그 여부에 관해 연구했다. 많은 자료를 분석한 결과, 소득이 낮을 때는 소득이 증가하면 행복도가 증가했다. 하지만 어느 수준 이상으로 소득이 높아지면 행복은 더 이상 증가하지 않았다. 이 연구는 1970년대에 처음 이루어졌는데, 소득이 증가하면 행복도도 증가하다가 당시 기준 연소득 5만 달러 정도가 되면 행복도가 정체했다. 이후에 보강 연구가 계속 이루어졌는데, 현재는 미국 기준으로 연소득 7만 달러 정도에서 이스털린 패러독스가 나타난다고 본다. 즉, 한국 기준으로 하면 연봉 1억까지는 행복도가 증가하고, 그 이상은 소득이 늘어난다고 해서 행복이 증가하지는 않는다는 이야기다. 어느 정도의 돈은 행복에 영향을 미치지만, 큰 부자가 된다고 해서 그만큼 더 행복한 것은 아니라는 것을 보여주는 대표적인 명제다.

그렇다면 정말로 부자는 행복하지 않고 오히려 돈 때문에 괴로워지는가? 그런 것은 아니다. 이스털린 패러독스는 일정 정도까지는 돈이 증가하는 만큼 행복도가 증가하지 않는다는 것을 이야기할 뿐이다. 돈이 증가하면 더 불행해지는 건 아니다. 부자라 할지라도 더 부자가 되면 행복도는 증가한다. 다만 그 증가폭이 상당히 작을 뿐이다.

이스털린 패러독스를 그래프로 그리면 다음과 같다.

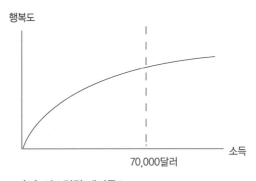

〈표〉 이스털린 패러독스

처음에는 소득이 증가하면 행복이 크게 증가한다. 하지만 소득 7만 달러가 넘으면 행복도는 거의 증가하지 않는다. 그렇다고 행복도가 감소하는 것은 아니다. 이때부터는 소득이 늘어나는 만큼 행복도가 같은 비율로 증가하지 않을 뿐이다. 커지는 것은 분명하다. 어쨌든 돈이 많을수록 행복도가 더 높다는 사실은 달라지지 않는다.

행복의 조건

행복의 조건에 대한 유명한 사회학 연구로, 미국 하버드대학교의 성인발달 연구가 있다. 이 연구는 총 세 집단을 대상으로 한 연구인데, 첫 번째 집단은 하버드법대 졸업생들이고, 두 번째 집단은 머리가 좋은 여성들, 그리고 세 번째 집단은 도시 저소득층 출신으로 고등학교 중퇴자들이다. 이들 총 814명에 대해 2년마다 한 번씩 설문조사를 했다. 무려 60년 동안 이들을 계속 추적하면서 어떤 삶을 사는지 조사했다. 삶에서 행복에 영향을 미치는 조건이 무엇인지 파악하기 위해서였다. 장기적인 연구로 어느 한 시점의 행복도를 조사하는 것보다 훨씬 더 심층적인 행복의 원인을 파악할 수 있었다.

이 연구에서 밝혀진 행복의 원인은 다음과 같다. 일단 70대에 삶의 즐거움을 가장 잘 누리는 사람은 은퇴하기 전에 자기 업무에서 성공한 사람들이다. 객관적으로 지위를 얻거나, 유명해지는 것보다 자기 일에서 성공했느냐 아니냐 하는 스스로의 주관적 판단이 중요했다. 업무에서의 성공은 행복에 큰 영향을 미친다.

행복에 중요한 또 다른 요소는 정서적인 풍요로움이었다. 가족과의 관계, 친구들과 잘 지내는가의 여부, 사교 모임 유무 등 사회적 관계를 잘 맺느냐가 정서적인 면에 커다란 영향을 미친다. 주변 사람들과의 교류가 많은 사람이 행복하다.

또 하나 중요한 요소가 수입이었다. 즉, 돈이었다. 돈의 여부는 노년의 행복에 굉장히 중요했다. 노년에 빈곤하면 행복하지 못했고, 노년에 돈이 있으면 행복도가 높아졌다.

일반적으로 중요하다고 생각한 많은 것들이 실제로는 노년의 행복과 별 관계가 없었다. 어릴 때 불행하게 자랐다고 노년에 불행해지는 것은 아니었다. 어려서 부모가 이혼했다고 나중에 불행해지는 것도 아니었다. 젊어서 공부를 잘했다고, 좋은 직장을 다녔다고 행복해지는 것도 아니었다. 부모가 어떤 사람이었나, 머리가 좋은가, 가정 환경이 행복했나 등도 노년의 행복 여부와는 상관이 없었다.

하버드대학교 성인발달 연구에서 행복에 큰 영향을 미치는 요소는 3가지였다. 업무에서의 성취감, 노년기에 가지는 주변 사람들과의 관계, 그리고 돈이다. 이것만 보면 돈이 행복에서 중요하지만, 그렇게까지 중요하지는 않은 것으로 보인다. 자기 업무를 잘하는 것, 주변 사람들하고 잘 지내는 것이 행복에 더 큰 영향을 미치는 요소이니, 부자가 되지 않더라도 충분히 행복해지는 것처럼 보인다.

물론 그렇긴 하다. 이스털린 패러독스에서 말하는 것처럼, 일정 수준 이상의 수입만 있으면 주변 사람들하고의 관계, 업무에서의 성공이 행복에 더 중요하다. 하지만 그렇다고 해서 부자가 되는 것이 행복과 관계가 없는 것은 아니다.

생각해보자. 업무에서 성공한 사람은 보통 수입이 많다. 공무원처럼 업무에서 성공하더라도 높은 수입을 얻을 수 없는 직종도 있기는 하다. 하지만 웬만한 직업은 업무에서 성공하면 수입도 많다. 복권에 당첨되어서 부자가 된 사람은 업무에서 성공한 것이 아니니 행복도는 높지 않을 수 있다. 그렇게 예외적인 경우를 제외하면, 보통은 업무에서 성공한 사람이 수입이 많다. '업무에서 성공한 사람=부자'의 관계가 성립하는 것이다.

또 나이가 들어서 주변 사람들하고 계속 어울리고 잘 지내는 것은 부자가 될수록 가능성이 더욱 커진다. 젊어서는 돈이 없어도 사람들을 만나 어울릴 수 있다. 하지만 나이가 들수록 돈이 없으면 새로운 사람을 만나고 새로운 활동을 하기 어려워진다. 나이가 들어 친구를 만나면 그냥 길에서 만나 한담을 나누는 게 아니다. 특히 남자들은 음식점에 가고 술을 마시고, 당구를 치거나 골프를 치거나 무언가 취미 활동을 한다. 그 모든 활동에 돈이 소요된다. 돈이 있다고 해서 사람들과의 만남이 항상 잘되는 건 아니다. 하지만 돈이 없으면 분명 사람들을 만날 기회가 적어진다. 부자일수록 사람들과 만나고 어울리기 쉬워진다. 그리고 그만큼 행복해질 가능성도 커진다.

부자가 된다고 행복이 보장되는 것은 아니다. 그건 분명하다. 앞의 연구들을 보면 부자이면서 행복하지 못한 사람은 부자가 아니더라도 행복하지 못하다. 또 원래 행복하게 살 수 있었던 사람이 부자가 되어서 행복하지 못하게 되는 경우는 없다. 오히려 부자가 되면 행복해질 확률이 커진다. 돈 때문에 행복해지는 게 아니라, 돈을 이용하는 활동의 결과로 더 행복해지는 것이다. 부자는 행복과 관련이 없다고 비판하지 말자. 부자가 되면 분명 행복해질 가능성이 커진다.

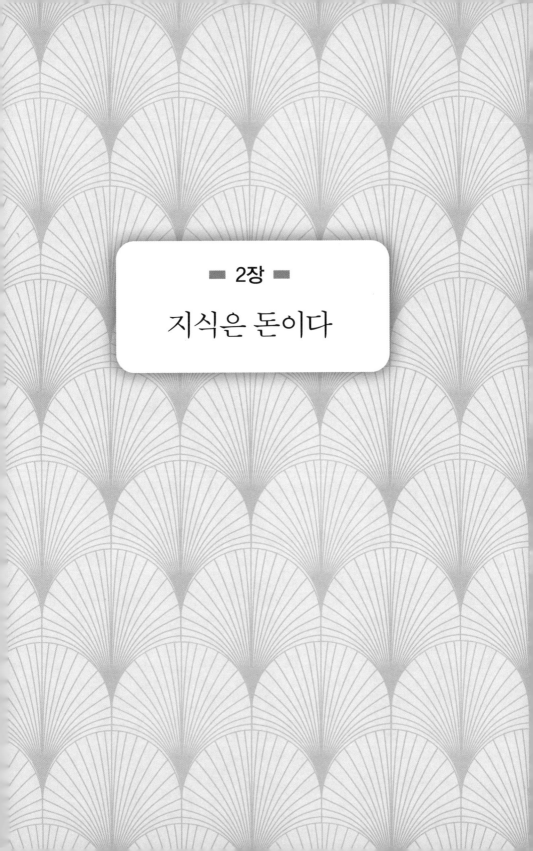

■ 2장 ■

지식은 돈이다

보다 높은 차원에서 접근하기
- 장기적 관점

우리가 문제를 만들 때 사용한 사고방식으로는 그 문제를
해결하지 못한다.

– 아인슈타인

우리는 지금 3차원 세계에 살고 있다. 0차원은 점, 1차원은 선,
2차원은 면, 3차원은 공간으로 정의된다. 1차원 선은 직선상에서
거리만 있다. 2차원 면은 가로와 세로가 있고, 면적이 있다. 3차원
공간은 가로, 세로, 높이로 구성되고 부피까지 있다.

개미는 2차원에서 활동한다. 개미가 멀리 있는 먹이를 보았다고
하자. 개미의 시각에서 멀리 있는 먹이는 하나의 점으로 표시된다.
그 먹이가 무엇인지 잘 구별할 수 없다. 그리고 무엇보다 얼마나 오
래 가야 먹이까지 도달할 수 있는지 감이 잡히지 않는다. 저 멀리 점
이 있다는 것이 보이고 그냥 그 점으로 가까이 다가갈 뿐이다. 그렇
게 걷다보면 어느 순간 먹이에 도착한다.

사람은 개미보다 키가 크다. 그래서 위에서 개미를 보면서 개미
의 움직임을 3차원적으로 파악할 수 있다. 2차원에서 활동하는 개
미가 보기에는 먹이가 얼마나 멀리 떨어져 있는지 잘 구분하기 어
렵다. 지금 가는 속도로 어느 정도 가야 도착할 수 있는지도 알 수

없다. 하지만 사람이 3차원적 시각으로 보면 개미의 움직임이 분명해 보인다. 지금 개미가 움직이는 속도를 볼 때, 얼마를 더 가면, 어느 정도 시간이 더 걸리면 개미가 목적지에 도착할 수 있을지 바로 알 수 있다. 개미가 2차원 평면에서만 움직이다가 보다 높은 곳, 3차원의 시각으로 세상을 보면 완전히 달라진다. 2차원의 세계를 이해할 수 있고, 2차원의 세계에서는 이해하기 어렵던 것들이 너무도 쉽게 인식할 수 있다.

책상 위에 있는 물건을 위로 들어 올린다고 하자. 책상 위 2차원의 세계에서는 앞에 있던 물건이 갑자기 없어지는 것처럼 보인다. 있던 것이 갑자기 없어지는 불가사의한 현상이다. 하지만 3차원에서 볼 때는 그냥 책상 위에 있던 것이 위로 들어 올려진 것일 뿐이다. 2차원에서는 불가사의하고 설명할 수 없는 현상이 3차원에서는 그냥 일상이다. 이처럼 보다 높은 차원을 인식하면 거의 깨달음에 가까운 변화를 일으킬 수 있다.

우리는 지금 3차원의 세계에서 살고 있다. 우리 인식을 크게 깨우치기 위한 방법이 하나 있다. 바로 3차원의 세계로 한정하지 않고, 4차원의 세계를 인식하는 것이다. 2차원의 세계에서 잘 알 수 없는 것들이 3차원에서는 이해하기 쉽다. 마찬가지로 3차원에서 잘 알 수 없는 것들이 4차원에서는 쉽게 이해될 수 있다. 4차원의 인식을 지니고 3차원을 보면, 잘 알 수 없고 이해하지 못한 것들을 파악하는 단초를 얻을 수 있다.

그럼 4차원이란 것은 무얼 말할까? 4차원은 공상과학에서 나오는 상상의 세계는 아니다. 물리학자들은 4차원을 인식하지는 못했지만 수학적으로는 풀어냈다. 4차원의 세계만 파악한 게 아니다. 현대물리학은 11차원까지 계산해냈다.

　3차원에 살고 있는 우리는 11차원의 세계가 어떤지 상상하는 것도 불가능하다. 보통 사람들이 개념적으로나마 이해할 수 있는 것은 3차원보다 한 단계 높은 4차원까지다. 수학적으로 4차원 세계는 다음의 수식으로 무언가의 위치를 나타내는 세계다.

$$x^2 + y^2 + z^2 - t^2$$

　2차원의 세계는 $x^2 + y^2$가 만족되는 세계다. 여기서 x는 가로, y는 세로다. 즉, 가로, 세로의 면적으로 구성된 세계다. 3차원의 세계는 $x^2 + y^2 + z^2$가 만족되는 세계다. 여기서 x는 가로, y는 세로, z는 높이이다. 즉, 가로, 세로, 높이로 측정되는 공간의 3차원 이다. 4차원은 3차원에서 하나의 축이 추가된다. 위의 공식에서 $-t^2$이 추가되었다. $-t^2$의 제곱근은 ti다. 즉, 4차원은 가로, 세로, 높이에 ti의 축이 추가된 세계다.

　여기서 t는 시간이고 i는 허수다. 현실에서 실재하는 수가 아니다. 4차원은 이 3차원의 세계에서는 실재하지 않는다는 것을 의미한다. 그래서 3차원에 살고 있는 우리는 4차원을 이해할 수 없다. 4차원을 알기 위해서는 허수 i를 파악해야 하는데, 그건 우리에게 불가능하다. 하지만 i에 붙어 있는 t는 인식 가능하다. t는 시간을 의미한다. 즉, 4차원의 세계는 가로, 세로, 높이에 시간이 추가된 세계다.

　우리가 시간을 제대로 파악할 수 있다고 해보자. 1년 후, 10년 후를 알 수 있다고 가정해보자. 지금 우리가 어떤 일을 할 때, 그 일의 결과가 나타나는 미래를 지금 파악할 수 있다고 해보자. 그러면 지금 세상을 살기가 굉장히 쉬워진다. 지금 세상에서 일어나는 일을 이해하기도 쉽다. 현재 내가 어떤 일을 할 때 그 일의 결과가 어떻게 나타날지, 앞으로 어떻게 될지 바로 알 수 있다면 세상 사는 것이 완전히 달라질 것이다. 4차원의 세계에서 살게 되면, 3차원의 세계는 모든 게 쉽게 이해될 수 있는 세상이 된다.

4차원의 세계를 개념적으로 안다고 해도, 3차원의 세계에 살고 있는 우리는 4차원의 세계, 그러니까 시간이 또 하나의 축인 세계를 실제로 인식할 수는 없다. 미래를 볼 수 있는 예언가, 4차원의 세계에 좀 더 가까운 사람이나 가능할 것이다. 하지만 개념적으로나마 4차원의 세계를 알고 있어도 우리의 의사결정에는 큰 도움이 된다. 바로 4차원적인 시각에서, 시간을 항상 고려하는 방법이다.

복숭아 3년, 감 8년, 부자는 10년

복숭아 3년, 감 8년, 부자는 10년이라는 속담이 있다. 복숭아나무를 심으면 열매가 열리기까지 3년이 걸린다. 내가 열심히 한다고 해서 그 시간이 줄어들지 않는다. 복숭아나무를 아침저녁으로 돌보고 거름을 더 주고 기도를 많이 한다고 해도, 복숭아는 3년이 지나야 열매를 맺는다. 열심히 돌보지 않는다고 해서 더 늦게 열리는 것도 아니다. 복숭아를 돌보지 않고 방치해도 3년이 지나면 복숭아는 열린다. 잘 돌볼 때보다 부실한 복숭아가 열린다는 게 문제이지, 어쨌든 열리기는 열린다. 감은 8년이다. 그사이 내가 어떻게 해도 그보다 빨리 감이 열리게 할 수는 없다.

부자가 되는 것은 10년의 시간이 필요하다고 한다. 부자 10년은 과학적으로 증명된 것이 아니라 속담이기는 하지만, 저자는 이 속담에 크게 공감한다. 공부해서 실력이 오르기까지 시간이 걸리는 것과 마찬가지로, 부자가 되기에도 시간이 필요하다. 물론 그냥 가만히 있어도 10년이 지나면 저절로 부자가 된다는 말은 아니다. 부단히 노력하고 전념을 다해도, 부자가 되기 위해서는 10년의 시간은 필요하다는 의미다.

무언가를 해서 수익을 얻기 위한 일에도 시간이라는 요소는 필요하다. 부동산을 살 때, 주식을 살 때 누구나 다 수익을 기대한다. 문제는 그 수익이 언제 생길까, 하는 기대다. 수익이 내일 생기는지 한 달 뒤에 생기는지 1년 뒤에 생기는지 아니면 몇 년 있어야 하는지를 미리 판단해야 한다. 그리고 처음에 산정한 그 기간 동안 버틸 수 있어야 한다. 장기적으로 오른다고 생각해서 사놓고는 한 달 뒤 폭락했을 때 실망하고 버티지 못하면 곤란하다. 3차원에서 성공하기 위해서는 4차원적 시각이 필요하다. 시간을 항상 고려하고 시간을 버텨내고 시간에 지지 말아야 한다. 그리고 그렇게 고려하는 시간은 장기적일수록 좋다. 원래 모든 일은 우리가 생각한 것보다 더 많은 시간을 필요로 한다. 장기적인 시각에서 계획하고 실천해나갈 때, 시간은 우리 일을 방해하지 않는다.

부자가 되기 위해서는 빨라야 10년이 걸린다. 부자가 되기 위해 진심으로 바라고 노력할 때 10년이다. 그런 시각으로 계획을 잡고 준비해나가야 한다. 더 늦을 수는 있어도 더 빠를 수는 없다. 그런 생각으로 진행할 때 버틸 수 있다.

1만 시간의 법칙-10년 법칙

복숭아가 열매를 맺는데는 3년, 감은 8년
- 일본 속담

수많은 사람 중에서 과연 누가 성공하는가? 심리학이나 여타 사회과학 분야에서는 이것을 밝혀내려고 다양한 연구를 한다. 타고난 재능이 뛰어난 사람이 성공하는지, 특정한 품성을 가진 사람이 성공하는지, 아니면 노력을 많이 하는 사람이 성공하는지에 관해서 많은 연구가 이루어지고 있다.

이에 관한 대표적인 연구 중에서 1990년대 베를린에서 시행된 연구가 있다. 바이올린 연주자로 성공하는 사람은 어떤 특성을 지니고 있는지 살펴본 연구다. 바이올린을 하는 사람은 모두 다 어려서 바이올린에 입문한다. 그중에서 재능이 있고 잘한다고 하는 사람 소수가 바이올린 전공으로 대학에 입학한다. 대학에 바이올린 전공으로 입학하는 이들은 어린 시절에 모두 음악 수재로 인정받은 사람들이다.

이런 음악의 수재들이 대학에서 바이올린을 전공하고 졸업을 한다. 그런데 이들이 전부 바이올린 연주자가 되는 건 아니다. 대부분은 음악학원 선생이 되거나 음악을 그만둔다. 졸업자 중 극소수만 연주자의 길을 간다. 이렇게 바이올린 연주자가 되는 사람은 어떤 사람들일까? 바이올린을 전공한 수많은 사람과 이들은 어떤 차이가 있는 것일까?

연구자들은 대학에서 바이올린을 전공한 사람들의 삶을 분석했다. 음대 입학생들은 대부분 8세 무렵부터 바이올린을 시작해서 15세 정도에 음악의 길을 가겠다고 결심한다. 음악을 잘하지 못하면서 음악의 길을 가려고 마음먹지는 않으니, 모두 15살 정도에 바이올린 천재 혹은 수재라는 평가를 받았던 아이들이다. 대학에서 바이올린을 전공하는 사람들은 모두 10년 정도 바이올린을 한 사람들이다. 이들은 대학에서도 열심히 연습한다. 레슨, 수업, 연습 등으로 1주일에 평균 51시간 정도 바이올린을 켠다. 주말을 포함해서 매일매일 하루 7시간 정도는 바이올린 연습을 했다.

그렇게 모두가 열심히 바이올린을 연습했지만 학생들 사이에서 편차는 있었다. 음대 졸업자 중에서 보통 집단의 평생 연습 시간을 추적해보면 3,420시간이었다. 우수 집단의 경우는 5,310시간 연습을 했다. 그리고 최우수집단, 그러니까 졸업 이후에 연주자의 길을 걷는 집단의 경우, 평생 연습 시간은 7,410시간이었다.

결국 음대를 졸업하고 연주자의 길을 시작하는 학생을 구분하는 가장 좋은 지표는 연습 시간이었다. 재능? 이들 모두는 대학에 들어올 때 음악의 수재들이었다. 재능의 우열을 구분하는 것은 불가능하다. 결국 평생 얼마나 많이 바이올린을 켰느냐가 진로가 나뉜 기준이었다.

결국 전문가가 되기 위해서 필요한 것은 시간이다. 유명한 베스트셀러 작가이자 저널리스트인 말콤 글래드웰^{Malcolm Gladwell}은 『아웃라이

어』(김영사, 2019)라는 책에서 '1만 시간의 법칙'을 제시해 어느 한 분야에서 전문가가 되기 위해서는 1만 시간이 필요하다는 지식을 세상에 널리 보급했다. 그런데 사실 심리학에서는 1만 시간을 이야기하지 않았다. 사람에 따라 편차가 있기 때문에 7,000~20,000시간 정도가 필요하다고 본다. 그러나 책을 낼 때 '7,000~20,000시간의 법칙'이라고 하면 주목도가 떨어진다. 말콤 글래드웰은 간단히 1만 시간의 법칙으로 표시했고, 이것이 사람들에게 널리 알려진 것이다.

'10년 법칙'도 이와 같이 전문가가 되기 위해 필요한 시간을 강조한다. 10년 법칙은 어떤 분야에서 최고 수준의 성과와 성취에 도달하려면 최소 10년 정도는 집중적으로 사전 준비를 해야 한다는 법칙이다. 하루 3시간씩 10년이면 1만 시간이 된다. 보통 자기 업무가 있으면서 무언가를 준비하는 것은 하루 3시간 이상은 힘들다. 그래서 보통 사람들에게는 10년이다. 만약 하루 6시간을 투여할 수 있으면 5년이 되고, 하루 9시간을 투여하면 3년이 된다.

1만 시간, 10년이란 시간이 필요한 이유는 뇌의 변화에 걸리는 시간 때문이다. 뇌는 변화한다. 뇌를 사용하면 사용하는 만큼 새로운 뇌 회로가 만들어진다. 뇌 회로가 만들어지면 그 사람은 그 분야에서 탁월한 능력을 발휘한다. 의식하거나 생각하지 않고 무의식 차원에서 뇌의 작용이 발생한다. 뇌에서 신호를 주고받는 시간이 사라지고, 몸과 마음이 자동적으로 움직인다. 그러면서 보통 사람들보다 탁월한 능력을 발휘한다. 전문가가 된다는 것은 바로 전문가의 뇌를 만들어가는 과정이다. 이런 뇌의 변화는 단기간에 이루어지지 않는다. 시간이 필요하다. 그게 1만 시간이다. 사람에 따라 좀 빠르고 늦을 수는 있지만, 최소한 7,000시간 이상은 투여해야 뇌가 변화해서 보통 사람들보다 다른 성과를 낼 수 있게 된다.

똑같이 1만 시간을 열심히 했는데, 누군가는 유명한 가수가 되고 누군가는 성공하지 못했다며 1만 시간의 법칙을 폄하하는 사람도 있다. 그런데 이건 1만 시간의 법칙을 오해한 것이다. 1만 시간의 법칙은 유명해지기 위해서, 성공하기 위해서 필요한 시간이 아니다. 전문가가 되기 위해서 필요한 시간이다. 유명한 가수가 되기 위해서 1만 시간이 필요한 게 아니라 가수가 되기 위해서 1만 시간이 필요한 것이다. 유명한 변호사, 성공적인 변호사가 되기 위해 1만 시간이 필요한 게 아니라, 변호사 자체가 되기 위해서 1만 시간이 필요한 것이다. 전문가가 되는 것과 유명한 전문가가 되는 것은 완전히 다르다.

그러면 부자가 되기 위해서는, 성공적인 투자자가 되기 위해서는 뭐가 필요할까? 일단 1만 시간을 투자해야 한다. 부자가 되기 위해 공부하고, 실행하는 과정으로 10년은 필요하다. 하루 생활 모두를 투여한다면 3년 정도로 가능할 수도 있다. 하루 생활 모두를 투여하는 것은 사업을 하거나 전업투자자로 뛰는 경우다. 사업을 시작하면서 1년 내로 승부를 보겠다고 해서는 안 되는 이유가 이것이다. 전업투자자로 시작하면서 1~2년 이내에 적정한 수익을 올리겠다고 마음먹어서도 안 되는 이유도 이것이다. 투자에 하루 전체를 투자해도 3년은 필요하다. 하루가 아니라 하루 3시간 정도 투여한다면 10년은 바라봐야 한다.

3년 동안 매일매일 열심히 한다고 워런 버핏Warren Buffett 같은 세계적인 투자자가 될 것이라는 기대를 해서도 안 된다. 몇 십억 원, 몇 백억 원의 큰 부자가 될 거라고 생각해서도 안 된다. 바이올린을

7,500시간 이상 연습하면 연주자의 길을 갈 수 있다. 성공적인 연주자가 아니라, 처음에는 박봉을 받으며, 어디선가 연주 기회를 주지 않을까 기대할 수 있을 정도가 되는 데 7,500시간이 필요하다.

하루 종일 투자가로 성공하기 위해서 노력한다면 3년 정도 지나면 '성공적인 투자자'가 아니라 '그냥 투자로 먹고살 돈은 마련할 수 있는 생계형 투자자'가 되는 거라고 봐야 한다. 하루 3시간, 10년 동안 투자 공부를 했다면 몇 십억 원, 몇 백억 원 부자가 되는 게 아니라, 투자로 먹고살 수 있는 수준은 될 수 있다고 봐야 한다. 성공적인 투자가가 되기 위해서는 그것만으로는 부족하다. 1만 시간 외에 플러스 알파가 필요하다.

의사가 되려면 의과대학에 들어가서 6년을 공부해야 한다. 그래야 의사 타이틀이라도 딸 수 있다. 변호사가 되기 위해서는 대학을 졸업하고 '로스쿨 3년+변호사시험 합격'을 해야 한다. 산업기사가 되기 위해서도 '공대 졸업+시험 합격'이 필요하다. 모두 다 4년 이상의 시간이 필요하다. 투자자, 사업가도 마찬가지다. 공식적인 루트는 없지만 그래도 이 정도의 시간은 투여해야 한다. 생계를 유지할 수 있는 일은 어느 것이나 전문가로서의 지식과 경험이 필요하고, 시간이 필요하다. 그런 시각으로 투자자의 길을 걸어야 한다.

신중한 연습 (deliberate practice)

골프 연습을 할때는 연습 목적이 무엇인지, 무얼 개선하려하는지를
정하고 해야 한다. 그냥 골프채를 휘두르기만 하는건 최악의
연습 방법이다

– 골프 코치 이주호

한 분야에서 전문가가 되려면 1만 시간이 필요하다는 것을 처음 제시한 것은 세계적인 심리학자 안데르스 에릭슨^{Anders Ericsson}이었다. 사실 에릭슨은 꼭 1만 시간이 필요하다고 이야기한 것은 아니고, 7,000~20,000시간 정도의 시간이 요구된다고 했지만, 주로 1만 시간의 법칙으로 알려져 있다.

1만 시간의 법칙이란 개념과 용어를 일반인에게 전파한 사람은 글래드웰이다. 그런데 에릭슨은 글래드웰이 말한 1만 시간의 법칙은 원래 자신의 연구를 왜곡한 것이라고 주장했다. 에릭슨은 1만 시간이 필요하다는 것을 이야기하기는 했다. 하지만 무조건 1만 시간을 노력하면 된다는 것은 아니었다.

에릭슨은 자기 분야에서 정상에 오른 사람들을 연구하면서 이들의 성공 뒤에 무엇이 있는가를 조사했다. 그들의 성공에는 1만 시간 정도의 오랜 시간에 걸친 노력이 필요했다. 그런데 단순히 1만 시간이기만 하면 안 된다. 이 노력에는 조건이 필요하다. 신중한 노력이나 신중한 연습^{deliberate practice}이어야 한다. 마냥 열심히 하는 노력은

큰 효과가 없다.

1만 시간의 법칙이 세간에 알려진 후 이에 대해 비판하는 사람도 많았다. 한국에서 웬만한 대학 수험생들은 1만 시간을 훨씬 넘게 공부한다. 초등학교는 그렇다 치고, 중학교, 고등학교 6년 동안 하루 10시간 넘게 학교에서 보내고 학원에 다녔다. 학교와 학원에 다닌 시간을 계산하면 웬만하면 1만 시간이 넘는다. 하지만 이렇게 1만 시간보다 훨씬 많은 시간을 공부해도 자기가 원하는 대학에 들어가는 사람은 극소수다. 대부분의 학생은 1만 시간보다 훨씬 많은 시간을 투여했지만 절대 성공했다고 말하기 힘든 대학에 들어간다.

직장 생활도 마찬가지다. 하루 8시간 근무하는 일반적인 직장 생활을 3~4년 충실하게 하면 1만 시간이 된다. 그런데 3~4년 직장 생활을 했다고 전문가가 되고, 그 분야에서 두각을 드러내지는 못한다. 언제 회사에서 잘릴지 모르는 직장인이 될 뿐이다.

아이돌 연습생들은 가수나 연기자로 데뷔하기 위해 정말로 열심히 연습한다. 이들은 온종일 그야말로 연습만으로 하루를 다 보낸다. 이렇게 3년, 1만 시간을 보내도 성공은커녕 데뷔조차 쉽지 않다. 이런 여러 가지 예처럼, 1만 시간을 노력해도 최정상에 서거나 전문가로 인정받는 건 쉽지 않은 일이다. 현실이 이렇다면 1만 시간의 법칙, 1만 시간을 노력하면 성공한다는 말은 헛소리일 수밖에 없다.

그렇다면 1만 시간의 법칙은 틀린 걸까? 이 법칙을 처음 제시한 에릭슨은 글래드웰은 그건 아니라고 비판했다. 왜냐하면 에릭슨이 말한 1만 시간은 신중한 연습이 주축이 되는 1만 시간이기 때문이다. 그냥 시간을 보내는 1만 시간, 그냥 하기만 하는 1만 시간은 큰 도움이 되지 못한다. 신중한 연습으로 보내는 시간이 중요하다.

에릭슨이 말하는 신중한 연습은 다음의 3가지가 충족된 연습이다. 첫째, 도전 과제는 적절히 어려워야 한다. 자기 수준보다 조금 높은 것을 달성하려고 노력하는 시간이어야 한다. 지금 풀기 어려운 문제를 풀기 위해 노력하는 시간, 잘하지 못하는 것을 잘하기 위해서 노력하는 시간이 진짜 노력하는 시간이다. 이미 충분히 풀 수 있는 문제를 반복해서 푸는 것, 이미 잘할 수 있는 것을 계속 반복하기만 하는 시간은 신중한 연습이 아니다.

직장에서 10년을 일해도 왜 전문가가 되지 못할까? 직장에서 하는 일은 대부분 이미 충분히 할 수 있는 일의 반복이다. 업종에 따라 차이는 있지만, 대부분 직종에서는 처음에만 모르는 것을 습득하고 배우는 시간이 있고, 한번 배우면 그때부터는 그냥 반복하기만 한다. 이미 충분히 잘할 수 있는 일을 계속하는 건 성공하기 위한 신중한 연습이 아니다. 이렇게 10년을 보내는 것은 10년 법칙에서 말하는 10년이 아니다. 조금 더 어려운 일을 하면서 보내는 10년, 그동안 하지 못한 일을 해내는 10년이어야 한다.

둘째, 더 어려운 일이 아니라면, 최소한 좀 더 정교화 하는 시간이어야 한다. 하나의 곡을 다 연주했다고 하자. 이때부터는 그 곡을 매일매일 계속 연습한다고 해서 신중한 연습은 아니다. 더 어려운 곡을 연습하거나, 아니면 그 곡을 더 정교화 해나가야 한다. 더 정확히 연주한다거나, 더 감정을 넣어 연주한다거나, 더 부드럽게 연주한다거나 등등 무언가 더욱 정교하게 연주할 수 있는 방향으로 노력하는 시간이어야 한다. 축구 연습을 한다고 하면, 슛의 정확도를 더 높이는 연습, 슛의 속도를 더 빠르게 하는 연습, 패스를 더 정확하게 하는 연습을 수행하는 것이 신중한 연습이다. 그냥 종일 슛을 뻥뻥 차기만 한다고 나아지는 건 아니다.

셋째, 피드백이다. 지금 하고 있는 일에서 실수나 실패를 체크하고, 그 실수를 피하는 방법을 탐색하는 시간이다. 피드백을 하기 위해서는 먼저 지금 하고 있는 일이나 방식의 문제점을 파악해야 한다. 나의 공부 방법이 어디가 문제인지, 지금 내가 어느 부분을 잘 모르고 있는지, 왜 틀린 것인지 확인해야 한다. 그리고 그렇게 발견한 문제점을 보완하기 위해서 앞으로 어떻게 해야 하는지를 생각하고 변화하는 과정이 필요하다.

스스로 자신의 문제점을 파악하고 보완할 수도 있다. 본인이 하기 힘들면 선생님이나 코치를 옆에 두고 자신에게 어떤 문제점이 있는지, 앞으로 어떻게 해야 하는지 문의할 수 있다. 어쨌든 계속해서 현재 자기의 문제점이 무엇인지를 확인해야 한다. 그렇게 1만 시간을 보내야 한다.

학생 시절, 공부 잘하는 학생이나 공부 못하는 학생이나 똑같은 교과서, 똑같은 문제집을 가지고 공부를 한다. 그런데 왜 누구는 성적이 좋고, 누구는 성적이 나쁠까? 중고등학교 6년을 매일매일 성실히 공부한 학생이면 누구나 모든 문제를 한 번씩은 풀어본다. 문제를 풀어봤느냐 아니냐 에서는 별 차이가 나지 않는다. 틀린 문제를 그다음부터는 틀리지 않느냐, 아니면 틀린 문제를 계속해서 틀리냐에서 차이가 난다. 피드백이 제대로 되면, 즉 틀린 문제를 그다음부터는 틀리지 않게 피드백을 제대로 하면 성적은 좋아진다. 틀린 문제에 대해 피드백이 되지 않으면 앞으로도 계속 틀린다. 처음부터 좋은 성적이 나오는 사람은 없다. 피드백을 제대로 하는 사람은 성적이 오르는 것이고, 피드백이 안 되는 사람은 제자리걸음을 한다.

피드백은 개인뿐만 아니라 기업에도 적용된다. 경영학에서 기업의 성과를 증진하는 방법으로 가장 대표적인 것이 PDCA이다. 즉, Plan(계획)-Do(실행)-Check(평가)-Action(평가를 통한 개선)을 말한다. 여기서 가장 중요한 과정은 평가와 그 평가를 통한 개선이다. 이것이 피드백이다. 아무리 계획을 잘 짜고 실행을 잘해도 이 피드백이 제대로 작동하지 않으면 나아지지 않는다. 그저 열심히 하는 것일 뿐이고, 성과 없는 헛짓이 된다.

그냥 노력하는 것만으로는 안 된다. 그냥 실행하는 것만으로는 안 된다. 오랫동안 했다고 나아지지 않는다. 신중한 연습을 하면서 실행해야 한다. 더욱 개선된 연습과 실행이 있어야 한다. 지금 자기가 하고 있는 행동의 문제점, 한계점이 무엇인지 계속 파악하면서 그 문제점을 보완하려는 실행이 있어야 한다.

정말 열심히 노력하고 있는데 나아지는 게 없다고? 다시 한번 돌아보자. 나는 지금 피드백을 하면서 노력하고 있는가, 아니면 그냥 노력하고 있는가. 나를 나아지게 하는 건 피드백을 수반한 노력이다. 지금 자신의 상태를 계속 점검하고 나아지는 방향을 찾아가는 노력이어야 한다.

목표 관리 - 피터 드러커의 MBO

대부분의 사람들에게 가장 위험한 일은 목표를 너무 높게 잡고 거기에
이르지 못하는 것이 아니라 목표를 너무 낮게 잡고 거기에 도달하는
것이다.

– 미켈란젤로

'현대 경영학의 구루'라고 불리는 사람 중에 미국의 경영학자 피
터 드러커[Peter Drucker]가 있다. 드러커는 평생 여러 경영학 이론을 제
시했는데, 그중 하나가 MBO(Managment By Objective), 즉 목표에
의한 관리다. 그는 조직 운용에서 가장 중요한 것 중 하나는 목표를
설정하고 이 목표에 의해서 기업의 실적을 평가하고 관리하는 것이
라고 보았다.

드러커에 따르면 일단 기업은 목표를 설정해야 한다. 목표는 추
상적인 것이어서는 안 되고 구체적이어야 한다. 또 목표는 사장이
그냥 선언적으로 제시한 것이어도 안 된다. 구성원들이 그 목표를
받아들이고 진심으로 추구할 수 있는 것이어야 한다.

이러한 목표 설정이 중요한 이유는 간단하다. 목표를 설정한 기
업과 목표를 설정하지 않은 기업 사이에 실제로 실적 차이가 존재
하기 때문이다. 똑같은 두 기업이 있다고 하자. 직원들도 모두 열심
히 하고 사기도 높다. 그런데 한 기업은 올해의 목표, 장기적 목표
등 기업의 목표를 설정하고 있고, 다른 기업은 그런 구체적인 목표

가 없다. 그냥 잘하자, 회사를 발전시키자, 돈을 벌자 등의 개념만 있다고 하자.

사실 목표는 실제 일하는 과정에서 그렇게 중요하지 않아 보인다. 평소 얼마나 잘하는지가 중요하지, 목표가 있느냐 없느냐에 따라 실적이 다르게 나오지 않을 것 같다. 그런데 희한하게도 그렇지가 않았다. 똑같이 열심히 하는 기업이라 하더라도, 구체적인 목표가 있느냐 없느냐에 따라 성과가 달라진다. 목표가 있는 기업은 실적이 더 좋게 나온다.

영어 공부를 하루 5시간씩 하는 두 학생이 있다고 하자. 한 학생은 토익 800점을 받는 것이 목적이고, 다른 한 학생은 그냥 영어를 잘하고 싶다는 생각으로 공부한다. 몇 달 후 토익시험을 보면 앞의 학생이 점수가 더 높게 나온다. 똑같은 교재로 똑같은 학원에서 똑같은 선생에게 배웠어도 점수 차이가 난다. 목표가 있다는 것 자체가 더 좋은 성과를 내게 해준다.

지금 모든 기업이 1년 매출, 이익 목표, 분기별 목표, 그리고 장기적 목표를 가지고 있는 것은 괜히 그런 게 아니다. 그래야 성과가 더 좋기 때문이다. 드러커의 MBO는 현재 기업 경영에서 당연히 해야 하는 상식이 되어 있다.

기업 경영이나 개인 경영이나 별 차이 없다. 기업에 통용되는 것은 개인에게도 대부분 그대로 적용된다. 개인이 더욱 나아지고 싶을 때 가장 먼저 해야 할 것도 바로 목표를 세우는 것이다. 특히 부자가 되고 싶다면 '부자가 되겠다'라는 목표를 세워야 한다.

유명한 베스트셀러 『부자 아빠 가난한 아빠』(민음인, 2018) 책을 읽으면, 사람들이 '부자가 되기를 원하지 않아'라고 말하는 경우를 보게 된다. 저자는 이런 말을 들었을 때 말도 안 된다고 생각했다. 물론 부자가 되기를 원하지 않는 사람들도 있다. 대체로 학자의 세계, 예술가의 세계에서는 부자가 되는 것을 바라지도 않고, 말하지도 않는다. 하지만 보통 사람들은 돈이 많으면 좋겠다, 부자가 되면 좋겠다, 라는 생각을 거의 누구나 다 한다. 그런데 부자가 되기를 원하지 않는다는 게 말이 되는가?

하지만 저자도 살다보니 느끼게 된다. 부자가 되기를 원하는 사람은 정말 드물다. 부자가 되는 것을 목표로 하는 사람은 적다. 바란다는 것과 목표로 한다는 것은 완전히 다른 이야기다. 바라는 것은 그냥 동경하면서 바라보기만 할 뿐이다. 하지만 목표는 그냥 바라보는 대상이 아니다. 무언가 결심을 하고 그에 따른 행동이 뒤따라야 한다. 부자가 되기 위해서 무언가를 생각하고 행동을 해야 한다.

부자가 되고 싶다, 돈이 많으면 좋겠다, 바라는 사람들은 많다고 했다. 목표가 아니라 동경하는 사람들이 많은 것이다. 실제로 부자가 되기 위해서 무언가 결심하고 행동하는 사람은 거의 없다. 부자를 목표로 하는 사람은 굉장히 드물다는 뜻이다.

부자가 되겠다는 목표가 왜 중요할까? 부자가 되겠다는 목표가 없으면 부자가 되기 힘들기 때문이다. 부자가 되겠다는 목표 없이 그냥 열심히 하는 것으로 부자가 될 수 있다면 얼마나 좋을까? 그런데 그렇게 되지 않는다. 이런 목표를 가진 사람만이 부자가 될 수 있다. 기억하자. 그냥 주어진 자리에서 열심히 살다보니 부자가 되는 경우는 거의 없다.

히말라야 정상에 도착하기 위해서는 히말라야 정상에 오르자는 목표가 있어야 한다. 그런 목표 없이 그냥 열심히 걷다보니 히말라야 정상에 올랐더라, 하는 경우는 없다. 동네 뒷산은 열심히 걷다가 정상에 오를 수 있다. 해발 1,000미터 산이라 하더라도 정상에 오르자는 목표 없이 올라가다 정상에 오를 수 있다. 하지만 진짜 높은 산은 그런 식으로 오를 수 없다. 정상 정복을 목표로 하고 오르기 시작해야 정상에 오를 수 있다. 그런 의도 없이 그냥 오르다가는 먹을 것이 떨어지고, 조난을 당한다.

먹고살기 위해서는 목표가 없어도 된다. 주어진 일을 열심히 하고 하루하루 성실하게 살아도 먹고 사는 것은 가능할 것이다. 집을 사고 경제적으로 여유 있는 삶을 사는 것도 가능할 수 있다. 이 정도는 부자가 되겠다는 목표가 없어도 충분히 도달 가능한 영역이다. 하지만 거기까지다. 부자가 되겠다는 목표 없이는 그 이상은 불가능하다. 일단 대부분의 사람은 집을 사고 몇억 원의 현금이 있으면 이 정도면 됐다고 생각하고 만족한다. 이 정도 수준으로는 아직 부자라고 하기 힘들다. 하지만 거기에서 멈춘다.

부자가 되어야지, 하고 생각한 사람들만 그 단계에서 멈추지 않고 계속 갈 수 있다. 부자를 목표로 하는 사람만 10억대 재산이 만들어진 후에도 계속 앞으로 나아간다. 히말라야를 오르겠다고 목표로 삼은 사람만 해발 3,000미터, 4,000미터를 넘어도 계속 앞으로 나갈 수 있다. 부자가 되겠다는 목표가 없으면 자기 생활이 안정된 수준에서 멈춘다. 부자가 될 수 있는 잠재력이 있어도 실제 부자가 되지는 못한다.

부자가 되는 것을 목표로 한다고 해서 '나는 부자가 되겠다'라는 식으로 목표를 세워서는 안 된다. 경영학의 기본은 주체적인 목표 설정이다. '10% 매출 증대' '1만 개 판매' '시장점유율 30% 달성'

등 수치로 표현할 수 있는 목표를 정해야 한다. 아니면 AI 사업 개시 등과 같이, 누가 봐도 달성했는지 아닌지를 판단할 수 있는 목표여야 한다. '더 좋은 기업' '직원들이 만족할 수 있는 기업' 등의 애매한 목표는 곤란하다.

그냥 부자가 되겠다는 것은 막연한 목표다. 목표가 없는 것보다는 훨씬 낫기는 하지만 구체적으로 목표를 세우는 것보다는 효과가 적다. 좀 더 명확한 목표가 필요하다.

'순자산 *억을 보유하겠다' '***에서 살겠다' '*** 차를 사겠다' '**살에 직장을 그만 두겠다' '*층짜리 건물주가 되겠다' '매출 ***의 회사를 세우겠다' 등등 구체적인 목표를 세워야 한다. 부자가 된다는 것을 목표로 삼기보다는, 이것을 달성하면 자연스레 부자가 되는 것, 그런 것을 목표로 삼는 것이 더 좋다.

한 가지 알아두어야 할 것이 있다. 이렇게 구체적인 목표를 세운다고 그 목표가 100% 달성되는 건 아니다. 드러커는 목표 설정을 중요시했지만, 그 이유가 목표 설정을 하면 분명히 달성되기 때문은 아니다. 목표 설정을 하면 그렇지 않았을 때보다 훨씬 더 효율적이고 효과적인 관리가 가능하기 때문이다. 목표를 세우면 더 나아진다. 목표를 세우지 않았을 때와 비교해서 훨씬 더 멀리 갈 수 있다. 또 어떤 것은 목표로 하지 않으면 아예 도달할 수 없다. 목표 설정은 그래서 중요하다.

운을 관리하는 방법 - 확률론

재미있는 점은, 연습을 할수록 운이 많이 따른다는 사실이다.

– 아놀드 파머

　부자가 되는 건 실력일까? 운일까? 부자가 된 사람들은 자기 실력으로, 자기 힘으로 부자가 되었다고 생각하는 경향이 있다. 하지만 실제로 그 사람이 부자가 되는 과정을 살펴보면, 그 사람의 순수한 실력에 의해서 부자가 되었다고 보기는 어렵다. 사업으로 돈을 벌었다면, 보통은 우연히 사업 아이템이 시류에 맞아서 돈을 번 경우가 많다. 처음에는 그런 아이템이 잘될지 몰랐는데, 사업을 하다 보니 우연히 그 아이템이 사회에서 각광받고 잘나가게 되고, 그러다 보니 부자가 된다.

　부동산이 크게 오르는 것도 사실 운의 작용이 더 크다. 이전에 사 놓은 땅이 재수 좋게 개발지로 선정되어서 크게 값이 오른다. 낡아 빠진 빌라를 가지고 있었을 뿐인데, 우연히 재개발지역으로 선정되어서 값이 오른다. 주식이 크게 올라서 큰돈을 버는 것은 분명 운이다. 어떤 주식이 몇십 퍼센트 오르는 건 몰라도 몇 배나 오를 거라는 것을 누가 예측할 수 있겠는가? 비트코인으로 돈을 번다는 것도 분명 운이다.

사실 운 없이는 부자가 되기 힘들다고 본다. 아무리 노력을 해도 운이 없으면 안 된다. 행운의 시기가 맞아야 부자가 될 수 있다. 운이 중요한 건 맞는데, 그렇다고 해서 부자가 되는 것이 완전히 운에 의해서만 결정되는 것은 아니다.

위험 관리라는 게 있다. 우리가 어떻게 할 수 없는 불가항력의 사건들이 터진다. 어느 날 갑자기 지진이 날 수도 있고, 화재가 날 수도 있다. 수출 상품을 실은 배가 조난당할 수도 있고, 해적에게 피습당할 수도 있다. 이런 위험 상황은 내가 조심하고 잘한다고 피할 수 있는 게 아니다. 그야말로 어느 날 갑자기 들이닥친다. 이렇게 운이 나빠서 발생하는 사건들이라고 기업이 이에 대해 손을 놓고 있지는 않다. 소위 위험 관리를 한다. 이런 나쁜 일이 벌어지더라도 회사가 망하는 일은 없도록 보험에 가입하는 등 미리 대비한다. 위험 관리가 잘된 경우, 화재로 공장이 불타버려도 보험 보상금이 더 많이 생겨 오히려 이익이 나기도 한다.

이렇게 나쁜 일만 위험 관리가 되는 것은 아니다. 좋은 운도 관리가 된다. 보험회사가 이런 나쁜 사건을 관리하는 방법은 확률이다. 화재 날 확률을 산정하고, 그 확률에 따라 위험을 보험가입자들이 서로 나누게 한다. 좋은 운을 관리하는 방법도 확률이다. 좋은 운은 언제 들이닥칠지 모르지만 언젠가는 우연히 들어온다. 좋은 운이 들어올 때 놓치지 않도록 하는 것이 우리가 해야 할 일이다.

좋은 운을 놓치지 않을 방법은 무엇일까? 답은 한 가지다. 가능성이 있겠다 판단하는 일을 시도하고, 실패해도 포기하지 않고 계속하는 것. 성공할 확률이 높다고 생각되는 일을 실패하더라도 계속하는 것. 그것이 좋은 운을 관리하는 최고의 방법이다.

사업을 하든, 부동산에 투자하든, 주식투자를 하든, 성공할 가능성은 항상 0%보다는 높고 100%보다는 낮다. 아무리 주변 사람들이 그 주식은 사면 안 된다 말하더라도 무슨 일이 벌어져서 갑자기 그 주식이 폭등할지 모른다. 아무리 어떤 부동산이 100% 오를 것이라고 해도 지진이 발생한다거나 하면 폭락이다.

무엇을 하든 성공 확률은 0%보다는 높다. 하지만 아무것도 하지 않으면 성공 확률은 0%다. 일단 부자가 되기 위해서는 무언가 해야 한다. 그래야 조금이라도 가능성이 있다. 아무것도 하지 않으면 가능성이 0%다.

성공 확률이 있는 일을 계속하기만 하면 성공 가능성은 무척 높아진다. 우리가 어떤 일을 시도할 때, 이건 성공 확률은 10%도 안 되지만 그래도 해보자, 말하는 경우는 거의 없다. 성공확률이 50%는 된다고 할 때 그 일에 달려든다. 그러면 성공 확률 50%인 일을 한다고 할 때 정말로 성공할 확률은 얼마나 될까?

처음 한 번 시도한다면 당연히 반반, 50%다. 그런데 한 번 시도가 아니라 다섯 번 시도한다면? 성공 확률 50%의 일을 다섯 번 시도한다면, 그 다섯 번 시도 중에서 한 번이라도 성공할 확률은 이렇게 계산할 수 있다.

다섯 번 중 적어도 한 번 성공할 확률 = 1−다섯 번 모두 실패할 확률
= 1−0.5×0.5×0.5×0.5×0.5
= 약 97%

성공할 확률 50%인 일을 다섯 번 시도하는데 다섯 번 모두 실패할 확률은 0.5×0.5×0.5×0.5×0.5=약 0.03이다. 즉, 성공 확률 50%인 일을 다섯 번 시도했을 때 모두 실패할 확률은 3%다. 즉, 다섯 번 중 한 번이라도 성공할 확률은 97%다.

우리가 부자가 되는 데 몇 번의 성공이 필요한 건 아니다. 한 번만 성공하면 된다. 성공 확률 50%의 일이라 하더라도, 다섯 번 계속 시도한다면 우리가 부자가 될 확률은 97%로 증가한다. 여섯 번 시도하면 부자 될 확률은 98%가 되고, 일곱 번 시도하면 부자 될 확률은 99%이다.

성공할 확률이 30%밖에 안 되는 일이라면 어떨까? 성공 확률 30%인 일을 다섯 번 시도했는데 모두 실패할 확률은 이렇게 계산된다.

다섯 번 중 적어도 한 번 성공할 확률 = 1-다섯 번 모두 실패할 확률
= 1-0.7×0.7×0.7×0.7×0.7
= 약 83%

성공 확률이 30%인 일이라 하더라도 다섯 번 시도하면 그중에서 성공할 수 있는 확률은 83%가 된다. 여섯 번 시도하면 성공 확률은 88%가 되고, 일곱 번 시도하면 92%가 된다. 열 번 시도한다면 성공 확률 97%다.

많은 사람이 '포기하지 말라, 실패해도 계속 시도하라'는 말을 그냥 하는 말로, 정신승리를 위한 것으로 생각한다. 그러나 아니다. 계속 시도하는 것은 운을 관리하는 방법이다. 운은 누구에게나 온다. 그리고 작은 확률로 온다. 그 작은 확률을 높은 확률로 바꾸는 방법은 운이 없더라도 계속 시도하는 것이다. 우연을 관리해서 나에게 좋은 운이 떨어지도록 하는 방법이 바로 '계속 실행하기'다.

계속 실행하기의 효과는 강력하다. 성공 확률 1%, 실패 확률 99%인 일이라 하더라도 성공 확률을 획기적으로 높여준다. 성공 확률 1%는 450회 시도하면 성공 확률이 99%가 된다. 450명이 시도하면 그중 한 명은 성공한다는 이야기이기도 하다. 그런데 우리는 성공 확률이 1%밖에 안 된다고 생각하는 일은 거의 시도하지 않는다. 나름대로 생각할 때 확률이 좀 높다고 판단되는 일을 한다. 그러면 그에 필요한 시도 회수도 크게 줄어든다.

결국 우리가 부자가 되기 위해서 알아야 할 건 3가지다. 첫째는 일단 무언가를 실행하기다. 아무것도 실행하지 않으면 확률은 분명 0%다. 두 번째는 성공 확률이 좀 높은 것 찾기다. 100%는 없다. 90% 성공 확률도 없다고 봐야 한다. 한 50%는 된다고 하는 일을 찾으면 훌륭하다. 그리고 마지막으로 계속 시도하기다. 실패한 다음에 한 번 더해보자 하는 게 아니라, 아예 처음부터 다섯 번은 한다고 생각하고 시작해야 한다. 그게 운을 관리하는 방법이다.

작은 일을 소중히 해야 한다 - 하인리히 법칙

아무리 작은 구멍이라도 경계하라. 그것이 거대한 배를 침몰시킬 수
있기 때문이다.

– 벤자민 프랭클린

산업안전과 관련해서 유명한 법칙이 있다. 하인리히 법칙Heinrich's
Law이다. 하인리히 법칙은 큰 사고가 일어나기 전에 반드시 유사한
작은 사고와 사전 징후가 선행한다는 경험적인 법칙으로, 재해의 크
기에는 일정한 규칙이 있다는 것을 보여준다. 이 법칙은 미국 여행
보험사 직원이었던 허버트 하인리히Herbert Heinrich가 발견한 현상이
다. 하인리히는 여행사 손실통제 관련 부서에서 근무했다. 여행사를
운영하다보면 크고 작은 여러 사건이 발생한다. 고객의 불만을 유
발하는 작은 예약 관련 사고뿐만 아니라, 교통사고, 선박사고, 항공
사고 등 다양한 종류의 사고가 계속 발생한다. 하인리히는 이런 사
고 관련 부서에서 일하면서 수많은 기록을 대하게 되었다. 그는 이
통계 자료를 조사, 분석하다가 사고, 재해에는 어떤 특별한 규칙이
있다는 것을 발견한다. 큰 재해, 작은 재해, 경미한 사고가 발생하는
비율이 1:29:300이라는 규칙이었다.

하인리히는 자신이 발견한 이 통계 규칙을 가지고 책을 썼다.『산업재해 예방: 과학적 접근 Industrial Accident Prevention : A Scientific Approach』이라는 제목의 책이었다. 이 책은 1931년에 발간되었는데, 이 책이 발간되고 난 후 하인리히의 1:29:300의 통계 법칙은 산업안전과 관련한 유명한 지침이 되었다. 이 1:29:300이 하인리히 법칙이라고 불리게 된다.

〈표〉 하인리히 (1:29:300)법칙

하인리히가 조사한 바에 따르면, 인명이 사망하는 등 커다란 산업재해는 어느 날 갑자기 발생하는 것이 아니었다. 어떤 큰 재해가 발생했다면, 그 전에 이미 작은 재해가 29번 정도 발생했었다. 29번 정도 작은 재해가 발생하고, 그다음에 큰 재해 1번이 발생한 것이었다. 그리고 작은 재해도 그냥 발생한 것이 아니었다. 작은 재해 1번이 발생하기 전에 이미 10번 정도 경미한 사고가 있었다. 즉, 재해 수준은 아닌 작고 경미한 사고가 10번 정도 발생한 다음에 작은 재해가 하나 발생했다. 그리고 그런 작은 재해가 29번 정도 발생한 다음에 커다란 재해 1번이 발생했다. 즉, 300번 정도의 작고 경미한 사건이 발생하면 그중에 29번 정도 작은 재해가 발생하고, 그다음에 커다란 재해 1번이 발생한다는 것이다.

부상자가 발생할 상황이 300번 정도 있고, 그중에서 29번의 작은 부상자가 나왔다. 그리고 그다음에 1번의 큰 부상자 또는 사망자가 나온다.

결국 경미한 사고가 발생했을 때 재해가 되지 않을 확률은 90.9%(300/330)이다. 작은 재해가 발생할 확률은 29/330=8.8%, 큰 재해가 발생할 확률은 1/330=0.3%다.

하인리히 법칙을 고려할 때 큰 재해가 발생하지 않게 하려면 어떻게 해야 할까? 큰 사고를 막으려고 노력하는 것은 큰 의미가 없다. 큰 재해를 막으려고 노력한다고 해서 큰 재해가 막아지는 것은 아니다. 작은 재해가 29번 발생하면 큰 재해는 발생한다. 그러면 어떻게 해야 할까? 작은 재해가 발생하지 않도록 해야 한다. 작은 재해가 29번 정도 발생하지 않으면 큰 재해도 발생하지 않는다. 큰 재해를 막기 위해서는 큰 재해를 막는 것 자체가 목적이 되어서는 안되고, 작은 재해가 발생하지 않도록 해야 하는 것이었다.

그럼 작은 재해가 발생하지 않도록 하려면 어떻게 해야 할까? 작은 재해에 초점을 맞춘다고 발생하지 않는 것이 아니다. 경미한 사고가 10번 일어나면 작은 재해는 발생한다. 즉, 작은 재해를 막기 위해서는 작고 경미한 사고가 발생하지 않도록 해야 한다.

재해라고 할 수 없는 작고 경미한 사고라고 무시해서는 안 된다. 작고 경미한 사고가 누적되면 작은 재해가 발생하고, 작은 재해가 누적되면 큰 재해가 생긴다. 경미한 사고를 그대로 두고 큰 재해만 막으려고 해서는 안 된다. 큰 재해를 막기 위해서는 작은 재해를 막아야 한다. 그리고 작은 재해를 막기 위해서는 경미한 사고를 막아야 한다. 경미한 사고라고 소홀히 여기면 곤란하다. 그것이 큰 사고의 징조이자 전제 조건이다. 경미한 사고를 얼마나 방지하는가가 큰 사고를 막을 수 있는 가장 좋은 방법이다.

역 하인리히 법칙

재해를 방지하는 하인리히 법칙이 자기계발 영역에도 의미를 가질까? 하인리히 법칙은 재해 발생에 관한 것이다. 그런데 재해가 아니라 좋은 일에도 적용될 수 있다. 이른바 역 하인리히 법칙이다.

하인리히 법칙은 부정적인 사건이다. 경미한 사건 300개, 작은 재해 29개, 큰 재해 1개다. 역하인리히 법칙은 긍정적인 사건이다. 경미한 좋은 일 300개가 발생하면 작은 성공 29번이 있다. 그리고 작은 성공 29번이 발생하면 큰 성공 1번이 생긴다.

우리가 바라는 것은 큰 성공이다. 큰 성공을 해야 인생에 의미 있는 변화가 생기고 실제 생활수준도 달라진다. 우리는 큰 성공을 바라면서 무언가를 노력하고 시도한다. 그런데 역하인리히 법칙은 큰 성공만을 바라는 것이 오류라는 것을 이야기한다. 바라고 노력한다고 큰 성공이 어느 날 갑자기 다가오는 것은 아니다. 큰 성공을 하기 위해서는 먼저 작은 성공 29번을 해야 한다. 작은 성공이라고 할 수 있는 일이 29번 발생해야, 그다음에 큰 성공이 온다. 우리는 큰 성공을 위해서 노력하면 안 된다. 작은 성공을 위해서 노력해야 한다. 29번에 걸친 작은 성공을 하면 큰 성공은 자연스레 따라온다.

작은 성공도 그냥 작은 성공을 원한다고 해서 다가오는 것이 아니다. 성공이라고 하기는 그렇지만 어쨌든 긍정적인 일 10번이 발생해야 작은 성공 1번이 온다. 주변 사람들에게 긍정적인 평가를 받는다거나, 주변 사람들을 도와준다거나, 무언가 성과 있는 일을 한다거나, 이런 자잘한 긍정적인 일 10번을 해야 작은 성공이라 할 수 있는 일 한 가지가 발생한다. 우리는 작은 성공을 하려고 노력하기보다는 긍정적인 일이 계속 주변에서 발생하도록 해야 한다. 좋은 일이 발생할 뻔한 일이나 긍정적인 일이 300번 발생하면, 작은 성공 29번이 발생하고, 그러면 우리가 정말로 바라는 큰 성공이 한 번 나타난다.

결국 역하인리히 법칙에 의하면, 큰 성공을 하기 위해서는 큰 성공만을 위해서 일하면 안 된다. 작은 성공을 계속해야 한다. 그리고 작은 성공만을 위해서 일을 해서도 안 된다. 주변에 긍정적이고 좋은 일이 일어날 수 있는 일을 계속해야 한다. 그것이 쌓이고 쌓여 작은 성공을 하게 되고, 작은 성공이 쌓여 큰 성공이 발생한다. 우리는 이런 작은 것에 초점을 맞춰야 한다. 작은 것이 쌓여 큰일이 발생한다는 것을 하인리히 법칙은 말해주고 있다.

투자 정보는 어디서 얻을까?

"텔레비전을 팔고 인터넷 연결을 끊으시오!"

– 앙드레 코스톨라니

　　보통 정보는 어디에서 얻을까? 현대 사회에서 정보를 얻는 가장 일반적인 방법은 인터넷 검색이다. 구글, 네이버에서 관련 검색어를 치면 무수히 많은 정보가 쏟아져 나온다. 유튜브에서 검색을 해도 어마어마한 정보들이 나온다. 일반 상식을 늘리기에는 인터넷 검색보다 더 좋은 방법이 없다.

　　그런데 문제가 있다. 인터넷 상에 정보가 많기는 한데 그 수준이 전문적 수준에 미치지 못하는 수준이다. 교양 수준에서는 훌륭한 정보이다. 어디가서 아는척 하기에도 충분하다. 하지만 진짜 전문적인 정보는 아니다. 여러분이 어떤 분야의 전문가가 된다면 인터넷 정보의 한계를 알 수 있다. 인터넷 상에는 일반 정보는 많은데 전문가 수준에서 도움이 되는 정보는 잘 없다. 설사 있다고 하더라도 오랜 시간이 지난 과거의 정보들이다. 마케팅, 여론 전문가라면 모를까, 인터넷 검색에서 찾은 정보를 바탕으로 활동하는 전문가는 없다.

　　최근 대세인 유튜브 검색도 한계는 분명하다. 유튜버들은 정말 많은 정보들을 전달한다. 그런데 그 정보들을 유튜버들이 직접 생산해서 전달하지는 않는다. 다른 사람이 생산한 정보를 알기 쉽게 정리해서 전달하는 게 유튜버들이 하는 일이다. 투자 관련 책을 쓴 사람이 하는 말, 투자 업계 사람이 하는 말 등을 일반 투자가들에게 전달한다.

투자 지식 시험을 본다면 유튜브만 많이 봐도 충분할 것이다. 그런데 투자자의 목적은 투자 지식을 늘리는 것이 아니라 실제 투자에서 수익을 얻는 것이다. 투자에서 수익을 얻기 위해서는 일반 상식과 다른 정보가 필요하다. 최소한 많은 사람들이 보는 유튜브 지식이 수익과 연결되기 어렵다는 점은 분명하다.

유튜버에 진짜 전문가나 투자에 성공한 사람이 직접 나와서 설명한다 해도 마찬가지이다. 필자도 책을 출간한 다음에 그 책과 관련하여 유튜브, 방송 등에 출연한 적이 있다. 보통 유튜브, 방송에서 할애되는 시간은 길어야 한시간이다. 그런데 이야기하다보니 시간이 길어져 연속해서 출연하게 되는 경우도 있었다. 그러면 두시간이다. 유튜브, 방송에서 두시간은 정말 긴 시간이다. 그정도면 출연자의 지식을 다 습득할 수 있지 않을까?

그런데 아니다. 2시간을 이야기한다 해도 정말 기본적인 이야기, 앞뒤 다 자르고 결론에 해당하는 이야기밖에 할 수 없다. 2시간동안 하는 이야기를 글로 다 옮겨본다고 해보자. 많아야 10-20페이지 분량 밖에 나오지 않는다. 책 한권 중에서 10%의 이야기도 다 못한다. 필자가 유튜브에서 이야기를 하면서도, 내 이야기를 유튜브에서 보고 사람들이 투자하거나 하면 안되는데라고 걱정을 했다. 투자를 할때는 전후 좌우 맥락이 있고, 주의할 점, 지켜봐야 할 점 등 여러 가지를 고려해야 한다. 하지만 유튜브에서는 2시간을 이야기해도 아주 기본적인 사항 밖에 이야기하지 못한다. 그런 기본적 내용만 가지고 투자를 해서는 곤란해진다.

그럼 어디서 정보를 얻어야 할까? 보통의 경우 정보를 얻는 가장 좋은 방법은 그 분야의 사람을 만나는 것이다. 해당 분야의 사람을 만나 그 분야의 이야기를 듣는게 고급 정보를 얻기 위한 가장 좋은 방법이다. 그런데 해당 분야의 사람과 만나는 걸 조심해야 하는 분야가 있다. 바로 투자업계다. 다른 분야에서는 해당 분야의 전문가의 말은 귀기울일 필요가 있다. 그러나 투자 관련해서만은 투자 전문가의 말은 정말 조심해야 한다. 신중하게 가려서 들어야 한다. 어떤 말을 가려야 하는지 아직 판단이 서지 않는다면 아예 처음부터 듣지 않는게 낫다.

투자 전문가를 조심해야 하는 이유는 투자 전문가의 이익관계와 나 투자자의 이익관계가 서로 상충되기 때문이다. 학원 강사의 경우 학생들의 성적이 좋아져야 학원 강사로서 성공할 수 있다. 변호사는 의뢰인이 승소를 해야 본인도 좋아지고, 의사는 환자가 병에서 나아야 의사 본인도 좋아진다. 이익 관계가 동일하다. 이런 경우는 변호사, 의사, 학원강사를 믿고 맡길 수 있다. 그런데 투자 전문가와 투자자의 경우는 다르다. 서로 이익관계가 합치되기 보다는 서로 상충되는 경우가 더 많다.

투자 전문가 중에서는 투자 중개 수수료가 주 수입원인 경우가 많다. 투자자가 얼마나 이익을 보느냐는 중요하지 않고, 투자자가 얼마나 거래를 했느냐에 따라 본인 수익이 정해진다. 이 경우 투자 전문가는 투자자가 보다 많이 거래하도록 안내를 하고 조언을 한다. 투자 전문가 말을 따르다보면 수익은 거의 없고 거래 수수료 지출만 늘어난다.

악질의 투자전문가는 투자자의 돈을 자기 계좌로 옮기는 것을 목적으로 한다. 투자자의 돈을 늘리고 그 중 일부를 자기가 가져가는 게 아니라, 그냥 투자자의 돈을 자기가 먹으려고 한다. 아니면 자기가 하고 싶은 투자를 자기 돈이 아니라 투자자의 돈으로 하려고 한다. 이때 투자자의 손해가 투자전문가의 이익이 된다. 절대 만나서는 안되는 부류이다.

펀드 같은 경우는 펀드 수익 일부를 투자전문가가 가져간다. 이 경우가 그래도 제일 투자자의 이익과 투자전문가의 이익이 맞아떨어진다. 그런데 이때도 대부분 투자전문가의 목적은 투자자가 부자가 되는게 아니다. 시장수익율보다 더 나은 수익률을 올리는 것일 뿐이다.

전문가의 정보는 전문가와 나의 이해관계가 동일하거나 아예 없을 때 믿을 수 있다. 전문가의 이익과 나의 이익이 서로 상충될 때 전문가가 전달해주는 정보는 약이 아니라 독이될 수 있다. 투자 전문가와 투자자의 이익은 많은 경우 서로 상충된다. 투자전문가의 말을 있는 그대로 들어서는 안되는 이유이다.

인터넷, 유튜브 검색은 안되고, 투자 전문가의 말을 들어서도 안된다. 그러면 투자 정보는 어디서 얻어야 할까? 1차적으로 책이다. 투자에서 중요한 것은 어떤 종목이냐가 아니라 어떤 방식으로 투자할 것이냐이다. 단기로 매매할 것인가 장기로 매매할 것인가, 무엇을 기준으로 투자할 것인가, 매매시기는 어떤 식으로 정할 것이냐 등 투자 방법에 대한 지식이 우선이다. 이런 지식은 책으로 밖에 얻어질 수 밖에 없다. 유튜브, 인터넷에서도 이런 투자방법에 대한 이야기가 나오기는 한다. 하지만 인터넷, 유튜브에서 얻는 것은 단지 지식일 뿐이다. 투자를 하기 위해서는 이 지식을 기반으로 직접 행동에 나서야 한다. 가치관이 형성되어야 하고, 그 가치관에 따라 행위가 이루어져야 한다. 이렇게 행태가 변하려면 두가지 방법이 있다. 하나는 해당 업계에 직접 취직해 들어가는 것, 아니면 꾸준한 책읽기이다. 투자업계에서 직업을 얻는게 아니라면, 사실 책읽기 외에 방법은 없다.

투자방법만이 아니라 업종 선정에도 책이 중요하다. 책은 분량이 많다. 기업에 대한 책에서는 해당 기업이 어떻게 성장했는지, 어떤 특징이 있고 기술이 있는지, 한계점은 무엇인지, 경쟁자는 누가 있는지 등이 상대적으로 상세하게 나와있다. 어떤 기업에 대한 책을 읽고 그 기업에 투자하는 것과, 단순히 언론 기사나 누구의 추천을 듣고 투자하는 것과는 투자 내공이 다르다. 인터넷에서 보고 들은 기사를 기반으로 투자를 하면 급등락하는 장세에서 버티지 못한다. 하지만 책에서 얻은 정보를 기반으로 투자를 하면 단기적인 급등락을 무시하고 버틸 수 있는 힘이 생긴다.

워런 버핏은 투자할 때 인터넷 검색을 하지 않는다. 투자 전문가들인 월스트리트 사람들과 만나 정보를 얻지도 않는다. 오히려 워런 버핏은 월스트리트 사람들을 피해 멀리 떨어진 오마하에 산다. 워런 버핏은 평소에 책을 읽는다. 그리고 종이 신문을 읽고 기업의 사업 보고서를 읽는다. 제대로 된 투자정보는 여기에서 나온다. 책, 신문, 사업보고서. 투자 정보의 원천으로 이만한 것은 없다.

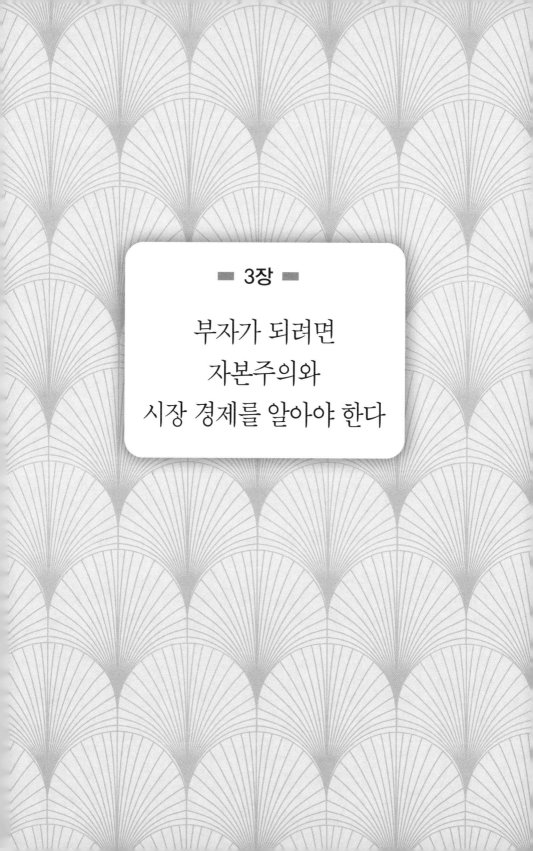

= 3장 =

부자가 되려면
자본주의와
시장 경제를 알아야 한다

애덤 스미스의 국부론에서 말하는
자본주의 시장경제의 기본

"우리가 저녁식사를 할 수 있는 것은 푸줏간 주인이나 양조장 주인,
빵 제조업자들의 자비심 덕분이 아니라, 그들의 개인적인 이익추구
때문이다."

– 애덤 스미스

　　과거 수렵사회에서 잘살기 위해서는 무엇이 필요했을까? 사냥을 잘하는 기술이 필요했을 것이다. 사냥감을 잘 발견하고 잡는 사람, 사냥 도구를 잘 만들어서 이용하는 사람이 잘살 수 있었을 것이다. 수렵사회에서는 사유재산 없이 모두가 다 나누어 가졌다고 하지만, 그래도 사냥을 잘하는 사람은 다른 사람이 고기 한 점을 먹을 때 두세 점을 먹을 수 있었을 것이다.

　　농경사회에서 잘살기 위해서는 어떻게 해야 했을까? 농사지을 수 있는 땅을 가지는 게 가장 중요했다. 그 다음은 농사를 잘 지을 수 있는 기술이 필요했다. 농사지을 땅을 가지고 있는 사람이 지주가 되고 양반이 되었다. 농경사회의 귀족은 모두 대지주였다.

　　관료사회에서 잘살기 위해서 필요한 것은 사회적 지위였다. 조선시대에 사회적 지위를 얻기 위해서는 과거시험에 붙고 승진을 해야 했다. 어떻게 하면 열심히 공부해서 시험에 붙을 수 있는지, 어떻게 하면 조직 내에서 승진할 수 있는지가 핵심이었다.

　　지금 한국은 자본주의 사회다. 자본주의에 대해 비판이 많고 자

본주의의 한계를 지적하며 사회주의의 길을 제시하는 주장도 많이 나왔지만, 그래도 지금 한국은 자본주의가 기본 경제체제다. 그러면 자본주의에서 잘살기 위해서는 무엇이 필요할까? 당연히 자본이다. 그리고 자본에 대한 지식이다.

사람들은 "아침부터 밤까지 노력하며 정말 열심히 살았는데 왜 사는 게 나아지지 않는가?" 하고 속상해한다. "학생 때 열심히 공부했는데 왜 이럴까?"라고 불평도 한다. 그런데 열심히 노력해야 잘살 수 있다는 건 농경사회의 논리다. 농사는 해뜨기 전에 일어나서 해질 때까지 열심히 일해야 가족 모두를 먹여 살릴 수 있다. 한국은 전통적으로 농경사회였다. 농경사회에서 벗어나 산업자본주의 사회가 된 지 30년 정도밖에 되지 않는다. 하지만 농경사회에 대한 인식은 아직도 뿌리 깊이 남아 있다. 열심히 일해야 한다는 의식, 열심히 공부해야 한다는 의식은 이런 농경사회의 잔재라고 봐야 한다.

수렵사회에서는 열심히 일하지 않았다. 하루 3~4시간 사냥을 하고 나머지 시간은 놀았다. 조선의 양반제 관료사회에서도 관료들은 열심히 일하지 않았다. 과거시험에 붙기 전까지만 열심히 공부했고, 과거에 붙은 후에는 유유자적하는 생활을 했다. 과거를 보지 않는 양반들도 아무것도 안 하고 놀기만 했다.

자본주의 사회에서 잘살기 위해서는 자본, 그리고 자본에 대한 지식이 필요하다. 자본주의 사회는 어떻게 돌아가는지, 자본주의의 기본인 시장경제는 어떤 것인지에 관한 지식이 필요하다. 자본주의 사회니까 자본, 즉 돈에 대해서만 잘 알면 되지 않느냐고 하면 곤란하다. 돈은 농경사회에도 중요했고, 관료사회에서도 중요했다. 수렵사회에서도 돈은 중요했다. 자본주의 사회의 특징은 '돈'이 아니다.

'돈'이 움직이는 원리, 어떻게 하면 돈이 생기는지, 그리고 돈이 이동하는지에 대한 원리를 알아야 한다.

자본주의 시장경제의 시작은 1776년 영국 경제학자 애덤 스미스[Adam Smith]의 『국부론』이 출간되고부터라고 본다. 사실 스미스가 천재적인 통찰력을 가지고 있어서 자본주의의 주요 개념들을 발견한 것은 아니다. 당시 영국은 산업혁명으로 발전하고 있었고, 많은 지식인이 경제 시스템에 관해 무수한 이론을 생산해냈다. 스미스는 그 이론들을 통합하여 자본주의 시장경제라고 할 수 있는 경제체제의 이론적 기반을 제시했다. 경제학의 시작이었으며, 더 나아가 사회과학이 여기에서부터 시작되었다고 일컫는다.

스미스의 『국부론』은 그 제목 그대로 국부[wealth of the nations], '어떻게 하면 국가가 부유해질 수 있는가'에 관한 책이다. 국가가 경제적으로 부유해지려면, 국민이 잘살 기 위해서는 어떻게 해야 하는지에 관해 설명했다. 자본주의 사회에서 잘살기 위해서는 이런 자본주의의 기본 원리를 잘 알아야 한다. 농경사회에서 농사짓는 기술을 아는 것과 마찬가지다.

스미스 국부론의 주요 개념들, 그러니까 자본주의 시장경제의 기본 개념을 살펴보자.

첫째, 경제적으로 잘살기 위해서는 분업이 필요하다. 즉, 서로 일을 나누는 것이 필요하다. 원래 인간 사회에서 일을 잘하기 위해서 제시하는 방법은 협동이다. 모두 힘을 합쳐 일하자, 모두 같이 하자는 것이 주요 모토다. 스미스는 잘살기 위해서는 협동이 아니라 분업이 중요하다고 보았다. 서로 다른 일, 다른 사람과 다른 일을 해야 하는 것이다. '우리 모두 힘을 합쳐 함께 나아가자'라는 주장은 좋아

보이기는 하지만 잘살 수 있는 길은 아니다. 사람들은 서로 다른 길을 추구해야 한다. 현재 중국은 동일 분야의 여러 사업체를 합병하고 있다. 과당 경쟁을 방지하고, 더 큰 기업을 만들어 경쟁력을 높이려는 의도다. 협동의 논리다. 자본주의에서는 이런 동일 사업체 합병은 부정적으로 본다. 이런 것을 호재라고 생각하면 곤란하다.

둘째, 시장의 확대를 지향한다. 활동 영역이 좁으면 안 된다. 활동 영역이 클수록 잘살 수 있는 길이 생긴다. 지방자치단체만을 대상으로 하면 안 되고 국가를 대상으로 해야 한다. 한 국가에 한정하지 않고 세계를 대상으로 해야 한다. 사업 영역도 좁으면 안 된다. 넓은 분야에서 사업을 할 수 있도록 해야 한다. 당연한 것이 현실에서는 당연하지 않다. 한국 내에서도 제주도 렌터카는 영업 지역이 분리되어 있다. 지자체는 자기 지역 내 업체에 일을 맡기려 하고 다른 지역 업체는 제외하려고 한다. 외국 기업이 높은 시장점유율을 차지하는 것을 싫어하고, 기업의 사업 영역을 구분 짓는다. 시장이 확대되는 영역, 시장이 국제적으로 확장될 수 있는 영역이 좋은 투자 대상이다.

셋째, 국가보다 시민이 일을 더 잘한다. 어쩌면 이 점이 자본주의 시장경제의 핵심이라 할 수 있다. 자본주의 이외의 사회에서는 국가와 시민 중에서 국가가 더 똑똑하다고 본다. 국가가 더 능력이 있고, 국가가 더 사심 없고, 국가가 국민을 더 위한다고 본다. 국가가 시민보다 훨씬 더 똑똑하고 정의로우니, 국가는 시민을 지도해야 한다는 것이다. 무능하고 부족한 시민을 국가가 계몽하고 지도해야 한다는 논리다. 사회주의뿐 아니라 농경사회, 관료사회도 모두 그런 식으로 생각한다. 그래서 국가가 시민의 삶에, 그리고 경제에 관여한다. 자본주의만이 국가보다 일반 시민이 더 똑똑하다고 전제한다. 시민이 일을 더 잘하니 국가는 끼어들지 말아야 한다고 주장한다. 시민 사이에 분쟁이 생기고, 시민만으로는 해결이 안 되는 일이 있을 때만 국가가 관여해야 한다고 본다.

자본주의 시장경제에서는 경제가 발전한다. 안정적인 삶, 질서 있는 삶은 국가의 관여가 높을 때 이루어질 수 있지만, 돈은 국가의 관여가 낮을 때 생긴다. 돈을 벌려면 국가가 적극적으로 관여하는 부분에는 끼어들지 말아야 한다. 국가의 역할이 낮은 부분에 초점을 맞출 때 더 돈을 잘 벌 수 있다.

넷째, 기업들이 경쟁할 때 시민이 더 잘살 수 있다. 자본주의 시장경제에서는 경쟁을 좋은 것으로 본다. 그런데 자본주의에서의 경쟁은 기업 간 경쟁을 의미한다. 기업들이 서로 싸울 때 시민이 이익을 본다는 의미다. 그래서 자본주의 시장경제에서는 기업들이 쉽게 생기고 쉽게 사라진다. 기업들이 살기 힘들게 만드는 게 자본주의다. 자본주의가 보호하려는 것은 기업이 아니라 시민이다.

사회주의는 기업을 보호한다. 원래 목적은 기업 자체가 아니라 기업에서 일하는 근로자들을 보호하는 것이기는 하지만 말이다. 기업 근로자들을 보호하기 위해서라도 어떻게든 기업이 망하지 않게 한다. 경쟁기업이 생기지 못하게 하고, 기업이 서로 경쟁하는 것을 싫어한다. 중소기업 보호, 전통시장 보호, 국내 기업 보호, 지역산업 보호 등은 모두 이런 관점에서 나온다. 현재 일하고 있는 근로자는 보호한다. 하지만 이 과정에서 현직 근로자 이외의 다른 시민들은 더 어려워진다. 큰돈을 벌기 위해서는 보호받는 산업이 아니라 경쟁하는 산업을 봐야 한다. 보호받는 산업에 투자하면 일정 수익은 얻을 수 있겠지만 부자는 되지 못한다.

자본주의 시장경제에서 큰돈이 굴러다닐 수 있다. 한국은 자본주의 시장경제이지만 분야별로 사회주의적 요소가 많은 산업도 꽤 있다. 자본주의 시장경제에 더 충실한 분야가 어디인지를 파악하고, 그 분야를 바라보아야 한다. 그래야 부자가 될 수 있는 길이 보인다.

서양이 동양을 추월한 이유

국왕이 의회의 승인 없이 돈을 징수하는 것은 위법이다.
– 영국 명예혁명 권리장전 제4조

경제의 역사를 주로 다루는 경제사 분야에서 세계적으로 이슈가 되는 문제가 하나 있다. 왜 서양에서 산업혁명이 발생하고 서양이 동양보다 더 잘살게 되었는가, 하는 문제다. 17세기 이전 동양 사회와 서양 사회는 별 차이가 없었다. 똑같이 농업사회였고, 일부 지도층을 제외하고는 모두가 살기 어려웠다. 이집트, 페르시아, 인도, 중국 문명은 절대 유럽 문명보다 뒤떨어지지 않았다. 중국은 근대까지 서양보다 더 잘살았다는 게 역사가들의 견해다. 서양의 르네상스는 중동 지역의 선진 문화를 받아들이면서 시작되었다. 동양 사회는 산업혁명 이전까지 어떤 면에서 보아도 서양보다 나으면 나았지, 못하지 않았다.

그런데 18세기 산업혁명 이후 서양은 경제적으로 동양을 크게 앞서나가기 시작했다. 처음에는 경제적 우위였는데, 곧 군사력과 무기 측면에서도 엄청난 차이가 생기면서 서양이 동양을 지배하기 시작했다. 이전까지 동양 사회와 비슷하거나 오히려 뒤처졌던 서구 유럽이 18세기 들어 동양을 앞서게 된 이유는 무엇일까? 산업혁명 때문에 서구 유럽이 앞서 나가게 되었다는 분석이 지배적인데, 왜 산업혁명은 세계의 다른 지역이 아닌 서유럽에서 발생했는가? 서구 경제 발전의 원인은 무엇일까? 이것이 경제사에서 큰 쟁점인, 이른 바 대분기Great Divergence 문제라 할 수 있다.

서양이 동양을 앞선 대분기의 원인에 관해서는 여러 가지 설명이 있다. 우연이라는 설명도 있고, 영국에 석탄이 풍부했다는 점도 주요 설명 중 하나다. 특허권제도가 산업혁명을 이끌었다고 보기도 한다. 그런데 대분기에 관한 설명 중 가장 대표적인 것은 재산권에 대한 동양과 서양의 사회제도 차이다. 각 개인이 재산을 모으고 부자가 되어도 되는 사회인가, 부자가 되면 안 되는 사회인가의 차이, 즉 사유재산권을 인정하느냐 인정하지 않느냐가 가장 중요한 차이점으로 제시된다.

물론 고대 석기시대 이후 어느 사회에서도 사유재산은 인정되었다. 내 집, 내 땅, 내 물건이라는 개념은 청동기시대 이후 어느 사회에든 존재했다. 문제는 사유재산이 보장되는 정도다. 다른 사람, 특히 권력자가 개인의 재산을 빼앗을 수 있느냐 없느냐가 중요하다.

동양 사회, 특히 중국에서는 부자가 되면 수난을 당했다. 부자가 되면 지방 수령이 온갖 죄목을 붙여서 잡아갔다. 감옥에서 풀려나려면 돈을 바쳐야 했다. 아무리 돈이 중요하다고 해도 감옥에 갇히는 것과 돈 중에서 돈을 선택할 수는 없다. 중국인은 다른 사람들보다 큰 부자가 되면 권력자에게 이런저런 방법으로 돈을 빼앗겼다. 부자이면서도 이런 수탈을 받지 않으려면 권력자와 선이 닿아야 했다. 일가친척이나 친구 중에 관료나 권력자가 있으면 다른 관료들의 수탈 대상에서 제외되었다. 사람들이 부자가 된 이후에 직접 권력을 얻으려고 하거나 권력자와 친해지려고 노력하는 것은 괜히 그런 게 아니었다. 그래야만 재산을 빼앗기지 않았기 때문이다.

이것은 조선도 마찬가지였다. 특히 조선 말기 기록을 보면, 권력과 연결되지 않은 부자들이 어떻게 관리들에게 재산을 빼앗겼는지 적나라하게 기록되어 있다. 사유재산이 인정된다고 하지만, 먹고 사는 데 충분한 정도의 사유재산만 인정됐다. 부자 혹은 자산가라 할 정도의 사유재산을 가지면 사방에서 몰려들어 그 재산을 빼앗으려고 했다. 부자들은 항상 몸을 사려야 했고, 돈이 있는 티를 내면 안 되었다.

이러한 사회제도와 관습에서는 돈을 벌려고 무언가를 발명하고 사업하려는 노력을 할 수 없다. 사업을 벌여서 큰 성공을 거두어도 아무것도 건질 수 없다. 이런 사회에서는 사람들이 큰돈을 벌기 위해 사업을 하지 않는다. 아무리 기술이 있어도, 새로운 아이디어를 떠올려도 소용없다. 취미 삼아 새로운 발명품을 내놓을 수는 있다. 하지만 거기까지고, 사업화를 시도하지는 않는다. 동양사회에서 여러 발명품이 나왔지만 사업화 되지 못했던 것은 그런 이유였다.

서유럽도 처음에는 동양과 마찬가지였다. 왕족, 귀족, 영주는 부자가 되어도 상관없지만, 보통 사람들이 부자가 되면 곤란했다. 언제 어디서 어떻게 재산을 빼앗길지 몰랐다. 하지만 영국의 명예혁명(1688년 영국에서 피를 흘리지 않고 평화롭게 전제 왕정을 입헌군주제로 바꾸는 데 성공한 혁명)을 시작으로 사유재산권이 보장되기 시작했다. 명예혁명은 법에 그 이유가 규정되어 있지 않으면 사람들을 잡아가지 못하게 했다. 원래 이것은 왕이 신하들을 마음대로 잡아가두지 못하게 하기 위한 조항으로, 정치적 자유를 위한 규정이었다. 하지만 자의적인 인신 구속 금지 원칙은 경제적 자유에도 큰 영향을 미쳤다. 일반 국민이 정말로 죄를 지어야만 경찰이 잡아갔다. 부자라는 이유로, 부자의 돈을 빼앗기 위한 수단으로 잡아 가둘 수는 없다. 그동안에도 사유재산은 인정한다고 말은 했지만, 실질적으로 인정되지 않았다. 하지만 이제 정말로 사유재산이 인정되었다.

사유재산 보장은 단순히 그 재산이 네 것이라고 인정하는 데 그치는 것이 아니다. 부자라는 이유로, 돈이 많다는 이유로, 사업을 한다는 이유로 정부가 사법권을 이용하지 않는다는 것을 의미한다. 이런 환경이라면 경찰에 불려갈 위험이나 감옥에 끌려갈 위험 없이 돈을 벌어도 된다. 새로운 아이디어를 내고 새로운 사업을 해서 부자가 되도 문제가 생기지 않는다. 부자가 되어도 나쁜 짓을 하지 않으면 재산을 빼앗길 일은 없다.

산업혁명은 영국에서 시작되었다. 하지만 증기기관과 철도 등 산업혁명을 이끈 기술이 영국에서 처음 개발된 것은 아니다. 그러나 증기기관이 대량생산되고 공장이 만들어지고 산업에 본격적으로 이용된 것은 영국이다. 발명이 좋아서 새로운 것을 만들어내는 것은 개인의 취미로도 할 수 있다. 그러나 공장이 만들어지고 기계가 도입되기 위해서는 취미로는 안 된다. 많은 돈을 투여해야 하는데, 여기에는 돈을 더 많이 벌고자 하는 욕망이 필요하다. 투자하기 위해서는 투자로 인한 큰 이익을 자기가 챙길 수 있다는 보장이 있어야 한다. 이 보장이 없으면 아무리 기술이 좋고 전망이 좋아도 회사나 기업체가 생길 수 없다. 사유재산이 가장 잘 보장된 국가가 영국이었기에, 영국에서 기업이 만들어지고 산업화가 시작된 것이다.

동양 사람보다 유럽 사람이 더 똑똑하고 지혜로워서 수많은 근대적 발명을 할 수 있었던 게 아니다. 종이, 화약, 나침반, 인쇄술 등 중요한 기술은 중국인이 먼저 발명했다. 그러나 중국은 이런 발명을 개량하거나 사업에 이용하지 않았다. 이런 아이디어 상품으로 돈을 벌면 붙잡혀갈 가능성이 커진다. 유럽 사람은 아이디어를 계속 개량하고 발전시켜 수많은 발명품을 만들어내고, 산업 자본을 이루었다. 서양이 산업혁명을 일으키고, 동양을 앞서나가게 된 건 이런 제도의 차이에서 비롯되었다. 이것이 대분기에 관한 기본적인 설명이다.

결국 산업혁명, 그리고 서양이 동양을 앞서게 된 대분기는 부자의 재산을 그대로 인정하느냐, 인정하지 않느냐에서 비롯되었다. 실질적으로는 재산을 벌었을 때 신체적인 위협이 발생하느냐, 발생하지 않느냐의 문제다. 돈을 벌어도 신변에 위협이 없는 사회에서는 계속 돈을 벌 수 있다. 하지만 돈을 벌었을 때 신체적인 위협이 발생하는 사회에서는 그럴 수가 없다. 아무리 부자가 되고 싶다고 해도 우리 몸이 더 중요하다.

그러면 우리는 어느 나라의 기업에 투자해야 할까? 부자라고 해서 사람을 붙잡아가지 않는 나라에 투자해야 한다. 물론 현대 사회에서는 세계 어느 나라에서도 단지 부자라는 이유만으로 개인을 잡아가지는 않는다. 그런데 오늘날에도 그 사람이 부자가 아니었다면 별 문제 되지 않았을 이유로 붙잡혀가는 나라가 있다. 현재 가장 대표적인 국가로는 중국, 러시아라 할 수 있다. 중국에서는 알리바바 그룹(중국 최대 전자상거래업체)의 마윈馬雲을 비롯한 수많은 부자의 신변에 문제가 생기고 있다. 정부에 비판적인 말을 하면 바로 활동에 제재를 받고, 사업체의 지분을 내놓는 일이 생긴다. 또 러시아의 경우, 2022년만 해도 러시아 재벌 6명 이상이 의문사를 당했다.

어떤 나라, 어떤 기업이 크게 성장한다는 이유만으로 그 나라 기업에 투자해서는 안 된다. 부자와 기업가들이 잡혀가는 나라는 아무리 지금 당장 고성장을 이룬다 해도 한계가 있다. 부자들이 살인, 강도, 폭력 등 명확한 범죄가 아닌 한 잡혀들어가지 않는 나라에 투자하는 게 안정성이 있다. 뭔지 모를 애매한 이유로 기업가가 잡혀가는 나라는 피하는 게 상책이다.

이 점에서 가장 확실한 나라는 영국, 미국, 캐나다, 호주 등이다. 명예혁명이 발생한 영국과 그 후예인 영연방 국가가 가장 확실하게 사업가와 부자들에 대해 신분 보장을 해준다. 해외 투자는 이런 국가에 한정하는 게 가장 좋을 것이다.

다윈의 진화론과 시장경제

우리는 진화론적 발전을 '가지내기와 가지치기'라고 표현하고자 한다.
많은 새로운 것들을 시도하여 잘되는 것은 계속 발전시키고 안 되는
것은 과감히 중단한다.

– 짐 콜린스

19세기에 세상을 변화시킨 가장 중요한 과학적 이론으로 보통 3가지가 논의된다. 칼 마르크스^{Karl Marx}의 『자본론』으로 유명한 사회주의 · 공산주의 이론, 지크문트 프로이트^{Sigmund Freud}의 심리학과 정신분석 이론, 그리고 찰스 다윈^{Charles Darwin}의 진화론이다.

다윈의 진화론으로 사람들에게 많이 알려진 것은 자연선택론^{natural selection theory}이다. 생물은 변한다. 그런데 왜 변할까? 자연선택론은 그 이유로 생물이 환경에 적응하면서 변화한다고 주장했다. 원래 서구에서는 생물은 현재 모습 그대로 만들어졌다고 생각했다. 성경 창세기에는 하나님이 처음에 모든 생물을 만든 것으로 나온다. 그리고 '노아의 홍수' 편에서는 노아가 동식물 한 쌍씩을 구했으며, 이것이 현대 동식물의 조상이라고 생각했다.

그런데 이런 상식이 15세기부터 시작된 지리상의 발견으로 흔들린다. 아메리카, 아프리카 남부에서 그동안 알지 못했던 수많은 동식물이 발견된 것이다. 하나님이 하루 이틀 사이에 하나하나 만들었다고 보기에는 너무나 종류가 많았다. 또 노아의 방주에 들어가기에

도 너무나 많았다. 아무리 노아의 방주가 크다고 해도, 이 많은 동식물들의 한 쌍이 모두 탈 수는 없었다.

이런 모순이 발견되면서, 생명체는 스스로 변화해서 이렇게 다양한 동식물이 만들어졌다고 보게 되었다. 동식물 중에는 서로 다른 종이라고는 하지만 비슷한 종도 많았다. 이것들은 처음부터 다른 종으로 만들어졌다고 하기보다는 하나의 종이 변화해서 서로 달라졌다고 보는 것이 더 합당했다. 19세기에 이르면 동물들이 시간에 따라 변화한다는 것이 알려져 있었다. 그런데 그 원인은 알 수 없었다. 동물들은 변한다. 그런데 왜 변하는 것일까?

이 대답을 찾은 사람이 진화생물학자 A. 월리스[Alfred Russel Wallace]와 다윈이었다. 생물은 환경에 적응하면서 변화한다는 것이 그 해답이었고, 이는 자연선택론이라는 이름으로 알려졌다.

자연선택론 진화론의 주된 사고방식을 보자. 첫째, 진화론은 환경에 적응하는 생물은 살아남고 환경에 적응하지 못하는 생물은 멸종한다고 본다. 여기서 많은 사람이 진화론에 대해 오해한다. 사람들은 똑똑하면 살아남고, 똑똑하지 않으면 살아남지 못한다고 생각하는 경향이 있다. 열심히 노력하면 살아남고, 열심히 노력하지 않으면 뒤처진다, 우수한 사람은 살아남고, 우수하지 않은 사람은 사라진다고 생각한다. 그런데 진화론은 분명히 이야기한다. 환경에 적응하는 존재가 살아남는다. 생물의 우수성, 노력 여하와는 아무 상관없다. 우수한 존재가 살아남는다면 모기, 바퀴벌레가 1억 년 넘게 살아남고, 네안데르탈인은 수십 만 년 살다가 멸종한 것이 설명되지 않는다. 열심히 노력하는 존재가 살아남는다면, 바위에 붙어서 평생 움직이지 않는 굴, 산호 등이 계속 살아남고, 먹이를 찾아 열심히 뛰어다니는 표범 등이 멸종 위기에 처해 있는 것은 이해하기 힘들다.

인간 세상도 마찬가지다. 사람들은 열심히 살면 보답이 주어질 거라고 생각한다. 더 머리가 좋고 뛰어난 사람들이 더 잘살 거라고 생각한다. 하지만 진화론은 그런 말을 하지 않는다. 환경에 적응한 사람이 잘사는 것이다. 머리가 좋은 것, 노력하는 것과는 별 상관 없다.

투자와 사업의 세계도 마찬가지다. 머리가 좋은 사람이 투자에 성공한다면 유명대학을 나온 애널리스트, 펀드매니저는 다 부자가 되었어야 한다. 이들은 굉장히 똑똑하다. 투자 분야에서 이름도 있고 설득력 있게 분석도 잘한다. 또 주식 장이 열리기 훨씬 전인 이른 새벽부터 일어나 일하기 시작하며, 노력도 많이 한다. 하지만 이들 본인이 부자인 경우는 그리 많지 않다. 인간 사회의 성공 원리는 동물사회의 성공 원리와 같다. 환경에 적응하면 성공적으로 살 수 있고, 환경에 적응하지 못하면 뒤처진다.

둘째, 진화론의 가장 중요한 특징은 목적이 없다는 점이다. 동물은 이렇게 변화해야지 하고 목표를 정하고 그 목표대로 열심히 노력해서 변화하는 게 아니다. 환경에 따라 저절로 변화한다. 앞으로 어떻게 변할지, 어떤 모습이 될지 예측하는 것이 불가능하다.

인간 사회도 마찬가지다. 사회는 무언가 보이지 않는 힘, 인간이 이해할 수 없는 힘에 이끌려 변화한다. 지도자가 이런 사회를 만들어야지 하고 생각하고 노력한다고 해서 그런 사회가 만들어지는 것은 아니다. 누군가 뒤에서 사회를 조종하는 것도 아니다. 누군가의 조종에 의해서 움직일 만큼 사회는 간단한 존재가 아니다. 사회는 의도적인 계획에 의해서 움직이지 않는다. 그것이 진화론이 깔고 있는 기본적인 발상이다.

사회는 저절로 움직이는 것이며 사람들의 의도와 계획에 따라 움직이지 않는다는 것. 이 관점은 경제학에서 말하는 시장경제이론과 같지 않은가? 사실 진화론은 18세기에 정립된 자유주의 시장경제 이론을 생물학에 적용한 것이다. 진화론을 창시한 다윈은 시장경제 이론을 알고 있었다. 경제가 누군가의 계획대로 움직이는 것인가, 그것과는 상관없이 자율적으로 움직이는 것인가? 힘 있는 자들의 계획이 실현될 가능성이 큰가, 아니면 작은가? 진화론과 시장경제는 힘 있는 자들의 계획을 믿지 않는다. 사회는, 그리고 경제는 그런 식으로 움직이지 않는다.

정부의 개발 계획, 정부가 제시하는 청사진, 재벌 그룹 회장의 발언, 뒤에서 시세를 조정하는 큰손, 공매도로 주식 가격을 왜곡하는 세력 등은 이런 진화론적 관점에서 보면 모두 별 의미 없는 존재다. 단기간에는 그런 것들에 의해 시장이 반응할 수 있다. 하지만 장기적으로 볼 때는 모두 의미 없는 것들이다. 이런 의미 없는 것들에 휘둘리면 큰돈을 벌기 힘들다. 봐야 하는 건 시장, 경제 그 자체다. 시장이 어떻게 변화하는가 살피고 그에 적응해야 한다. 정부의 계획, 큰손의 의도, 누군가의 음모를 생각하면 큰 부자가 되기 힘들다. 버핏은 항상 기업의 실적과 사람들의 경제 활동만 본다. 누가 대통령이 되는지, 정부의 경제 정책이 어떤지에 따라 투자를 결정하지 않는다. 그게 정답이다.

셋째, 진화는 장기적인 현상이다. 즉, 변화는 장기적으로 조금씩 조금씩 이루어지고, 절대 단기적으로 변화하지 않는다. 급하게 변화하는 경우도 있다. 돌연변이다. 그런데 돌연변이는 대부분 살아남지 못한다. 급하게 변하면 죽는다.

우리가 추구하는 변화도 마찬가지다. 장기적으로 조금씩 조금씩 변화해야 한다. 그런데 점진적인 변화를 참지 못하는 사람이 많다. 급진적인 변화를 추구한다. 지금 당장 눈에 보이는 가시적 성과를 요구한다. 하지만 아무리 의도가 좋고 방법이 좋다 하더라도 급진적인 변화는 환경에 적응하기 힘들다.

우리 자신의 변화도 마찬가지다. '달라져야지'라고 결심하면 당장 내일부터 달라져야 한다고 생각한다. 하지만 그렇게 굳은 결심을 한다고 사람이 달라지는 게 아니다. 수많은 결심이 작심삼일로 끝나는 것은 인간은 원래 단기적으로 변할 수 있는 존재가 아니기 때문이다. 동식물역시 장기적으로 변화한다. 옆에서 보는 사람은 달라지는 것을 느끼지 못할 정도의 변화다. 매일매일은 똑같아 보이는데, 한참 지나고 나면 완전히 달라져 있는 것, 그것이 진화론에서의 변화다.

이와 같이 우리가 변화하려면, 특히 부자가 되려고 하면 장기적인 시각에서 바라봐야 한다. 빨라야 5년, 보통은 10년은 바라보아야 부자로 변화될 수 있다. 1년 내에 부자가 되어야지, 3년 내에 끝장을 봐야지, 하고 생각하면 곤란하다. 그건 나 자신이 돌연변이하는 것을 추구하는 것이다. 돌연변이는 반드시 부작용이 있고, 대부분 환경에 적응하지 못해 실패한다. 점진적인 변화, 장기적인 변화를 추구하는 것, 그게 진화론에서 제시하는 변화의 방향이다.

우리도 진화론적 시각으로 시장경제를 바라보고, 그에 따라 경제 활동, 투자 활동을 할 필요가 있다. 그때서야 현재의 시장경제에서 보다 오래 살아남을 가능성이 커진다.

경제에 몰두하는 국가, 기업이 경쟁력이 있다 - 강대국의 흥망

사회의 법률, 제도, 사회관습 등은 그 사회의 경제구조에 의해서 결정된다
- 칼 마르크스

미국이 쇠퇴할 것이라는 주제의 책은 계속 나오고 있다. 그 이유는 다양하다. 달러 가치 하락, 경제위기, 자본주의의 한계, 미국 내부의 문제, 중국의 대두 등 다양한 이유를 근거로 미국이 앞으로 힘을 잃을 것이라는 책이 쏟아지는 것이다. 그런데 그런 책들은 잠깐 유행을 타다가 사라져버렸다. 달러 가치 하락론을 예로 들어보자. 달러 남발로 달러 가치가 하락해서 미국이 몰락할 것이라고 예상했는데, 달러 가치가 오히려 상승하는 일이 벌어진다. 다른 나라들이 달러보다 자국 화폐를 더욱 남발해서 달러 가치는 상대적으로 오히려 오른다. 그러니 달러 가치 하락으로 미국이 쇠퇴한다는 이야기는 바로 사라져버린다.

이렇게 미국 쇠퇴론 책은 단기적으로만 유행을 타는데, 이 분야에서 장기적으로 스테디셀러가 된 책이 있다. 세계적인 역사학자 폴 케네디^{Paul Kennedy}의 『강대국의 흥망』(한국경제신문, 1997)이다. 강대국의 흥망은 미국 쇠퇴론을 넘어, 국가의 흥망성쇠에 관한 고전 중 하

나가 되었다.

『강대국의 흥망』에서는 강대국이 왜 강대국이 되는지, 그리고 강대국은 왜 쇠퇴해 다른 나라에 강대국 지위를 넘기게 되는가를 분석한다. 근대 르네상스 이후 서양이 세계사의 주력으로 대두되면서 처음에는 스페인이 최강대국이었고, 그 이후 네덜란드, 영국이 강대국의 지위를 이어받는다. 19세기 말에 러시아와 독일이 새로운 강대국으로 대두했고, 20세기에는 미국이 최강대국이 되었다. 이와 같이 세계 강대국이 계속 변화하는 이유는 무엇인가? 왜 기존 강대국은 그 지위를 잃고, 그 이전에는 별로 눈에 띄지 않았던 국가가 새로운 강대국으로 대두하는가를 주제로 이야기한다.

이 책에서는 강대국으로 성장하는 이유가 경제력이라고 설파한다. 우리는 보통 군사적 승리가 강대국이 되는 조건이라고 생각한다. 하지만 강대국이 되는 진짜 이유, 그러니까 군사적으로 이길 수 있는 이유를 케네디는 경제력으로 보고 있다.

태평양전쟁(2차 세계대전 전선 중 하나로, 1941~1945년까지 태평양 일대와 동남아시아 지역을 무대로 미국과 일본을 중심으로 벌어진 전쟁)에서 미국이 일본에 승리한 이유는 무엇일까? 일반적으로 미국이 일본에 승리한 이유로는 미드웨이해전(태평양전쟁 초기 하와이 앞 미드웨이 제도 근처에서 이뤄진 미일 간의 해상 전투)의 승리, 전쟁 전략과 전술의 우위, F. 루스벨트 대통령, D. 맥아더 장군, C. 니미츠 제독 등 지도자의 리더십을 들고 있다. 미국이 이러한 군사력, 외교력 우위로 말미암아 전쟁에서 승리할 수 있었고, 그래서 1945년 이후 강대국이 될 수 있었던 것으로 분석한다. 그러나 미국이 만약 미드웨이해전에서 일본에 패했다면 일본이 전쟁에서 승리해 강대국이 될 수 있었을까?

당시 미국의 생산력을 보면, 1942년 미드웨이해전에서 완패했다고 가정하더라도 얼마든지 새로운 항공모함을 생산하여 다시 싸울 수 있었다. 그러나 일본은 미드웨이해전에서 완승했다고 하더라도 미국만큼 항공모함을 구축할 생산력이 부재했다. 미국이 일본에 승리하는 것은 시간 문제였을 뿐이다. 미드웨이해전에서 설령 미국이 패했다 하더라도 궁극적인 전쟁의 승리자는 미국이 될 수밖에 없었다.

강대국이 강대국인 이유는 경제력 때문이다. 일반적으로 사람들이 생각하는 강대국의 조건인 군사력, 전쟁 수행력, 외교력, 국가 간 인지도 등은 진실한 요인이 아니다. 경제력이 가장 강력한 국가의 군사력이 가장 강한 것이고, 경제력이 가장 강한 국가의 외교력이 센 것이다. 보통은 그 국가의 군사력, 외교력, 정치력을 보고 그 나라의 파워를 측정한다. 그러나 이러한 것들은 경제력에 의해서 파생되는 요소일 뿐이다.

르네상스 이후 신대륙 발견 등으로 가장 경제력이 왕성했던 나라가 스페인이다. 산업혁명으로 영국의 경제력이 스페인을 앞서면서, 영국은 스페인과의 전쟁에서 이기고 세계 강대국이 된다. 19세기 말 독일의 산업혁명이 성공하면서 독일이 신흥강대국으로 대두되었고, 20세기에는 미국이 산업국가가 되면서 미국이 세계 강대국이 된다. 2차 세계대전 당시 독일과 기타 유럽의 경제력을 비교하면 독일이 월등했다. 따라서 독일은 유럽의 전쟁에서 승승장구할 수 있었다. 당시 러시아의 경제력은 독일과 비슷했다. 따라서 이 두 나라 간 전쟁은 교착 상태에 빠지게 되었다. 그리고 독일의 경제력은 미국보다 낮았다. 그래서 미국이 개입하자, 독일은 패한다. 강대국의 근본

요소는 경제력인 것이다.

다시 말하지만, 강대국이 강대국인 근본적인 이유는 경제력 때문이다. 그러나 강대국은 자신의 힘의 원천이 경제력에 있다는 것을 모르고, 군사력, 정치력, 외교력 등에 있다고 생각한다. 그래서 군사력, 정치력, 외교력을 증진시키고 유지하기 위해 노력한다. 강대국이 자신의 역량을 경제력에 집중시키지 않고 군사력 등에 집중할 때 그 국가의 성장은 멈춘다. 특히 경제력을 희생하면서 군사력, 외교력을 발휘하고자 할 때 그 국가의 쇠퇴가 시작된다. 기존의 강대국은 자신의 군사력을 계속 유지하려고 하지만, 경제력이 쇠퇴하면 군사력을 유지하기 힘들어지고, 결국 군사상 우위, 외교상 우위를 잃게 된다.

기존의 강대국이 군사, 외교력 등 비경제적인 분야에 힘을 쏟고 있을 때 군사, 외교 등에 신경 쓰지 않고 경제력만 강화하는 국가가 있다. 어느 순간 이런 국가는 기존 강대국의 경제력을 능가하게 되고, 그에 따라 군사력도 기존 강대국보다 우월해진다. 따라서 강대국의 교체가 이루어진다.

그래서 케네디는 다른 무엇보다 경제력에 초점을 맞출 것을 요구한다. 국가가 경제력이 아니라 정치적인 측면에 더 신경을 쓰면 그 나라는 약해진다. 정치적인 이유 때문에 경제적인 측면을 소홀히 하는 것은 바보 같은 짓이다.

이런 케네디의 관점은 국가 운영만이 아니라 투자자에게도 큰 시사점을 제시한다. 어떤 기업이 투자 대상으로 좋은 기업인가? 경제적 성과, 매출, 이익 등이 좋은 회사가 좋은 기업이다. 기업의 이미지가 좋다, 사람들에게 칭송받는 기업이다, 사람들이 가장 취업하기를 원하는 기업이다, 이런 것은 필요 없다. 이런 것에 신경 쓰는 기업은 지금 당장은 좋아 보일지 몰라도 결국 경쟁력은 점차 낮아질 것이다.

CEO가 외부 활동을 아주 잘하고 유명한 기업도 마찬가지다. 이런 기업은 사람들 사이에 잘 알려질 수는 있지만, 투자자에게 투자 수익이 나는가와는 별개다. 기부를 잘하는 기업, 사회에 기여를 많이 하는 기업, 사회적 책임을 다하는 기업, 기술 개발을 잘하는 기업, 봉사 활동을 잘하는 기업, 환경을 중시하는 기업, 지배구조가 좋은 기업도 다 마찬가지다. 이런 기업들이 훌륭한 기업이라는 것은 부정하지 않는다. 그러나 기업의 본질은 매출과 이익이다. 매출과 이익이 늘어나면서 이런 활동을 하는 기업이라면 괜찮을 것이다. 하지만 매출, 이익이 늘지 않으면서 이런 활동을 하는 기업이라면 투자 가치는 작다. 매출과 이익이 감소하면서 이런 활동에 초점을 두는 기업이라면, 투자 대상으로서는 최악이다.

어떤 국가가 강대국이 되는가 아닌가는 경제력만 보면 된다. 마찬가지로 어떤 기업이 훌륭한 기업이 되는가 아닌가는 경제적 측면, 재무 측면만 보면 된다. 그런데 이런 경제력, 재무 측면은 언론에서 잘 이야기하지 않는다. 이건 투자자가 스스로 찾아보아야 하는 자료들이다. 그래서 언론에서 칭송받는 유명한 기업과 실제로 좋은 기업은 차이가 난다.

한 가지, 이런 케네디의 관점에서 보면 중국은 향후 전망이 어떨까? 지금 중국은 경제적인 측면에 중점을 두고 있는가, 정치적인 측면에 중점을 두고 있는가? 과거 중국은 도광양회韜光養晦였다. 즉, 어둠 속에서 조용히 참으며 때를 기다렸다. 국제정치적으로 조용히

지내고 경제력을 늘리려 했다. 하지만 시진핑 집권 이후 중국은 국제적인 위상을 높이고 영향력을 높이는 데 중점을 두고 있다. 국가의 자존심을 세우기 위해 경제적 이익은 고려하지 않는다. 국제적 위상을 높이려 하고, 또 실제 높아지고 있기 때문에 중국의 시대가 올 거라고 생각할 수도 있다. 하지만 케네디의 이론에 의하면, 현재의 경제력을 과신하고, 정치력을 증강시키기 위해 경제력을 희생하는 것은 국가 쇠퇴의 첫걸음이다.

중국이 앞으로 더욱 강대국이 될 것이라는 예상으로 중국 기업에 투자하려는 투자자는 한번 더 생각해봐야 할 이야기다.

잘살기 위해 필요한 것, 투자

이 말만은 할 수 있다. 저축하지 말고 투자하라.

- 파라 그레이

　　자본주의 시장경제에서 더욱 잘살기 위해 필요한 것은 무엇일까? 자본주의 사회에서는 돈이 가장 중요하다고 말하는 사람이 있는데, 초점이 빗나간 대답이다. 자본주의 사회에서 돈이 가장 중요하다면, 다른 사회에서는 돈이 가장 중요하지 않았을까? 조선시대는 과거에 합격한 관료의 시대였다. 그럼 과거에 합격한 관료들은 돈에 관심이 없고 도덕과 지식만을 중시했을까? 아니다. 조선시대의 부자들은 과거에 합격하고 정부에서 관직을 받은 관료들이다. 지방의 지주보다도 관료가 더 돈이 많았다.

　　서양 중세사회는 귀족-농노의 신분제 사회였다. 그럼 귀족이기만 하면 돈이 없어도 존경을 받았나? 아니다. 돈이 없는 귀족은 곧 평민으로 신분이 하락했고, 돈이 많은 평민은 귀족으로 올라설 수 있었다. 그리고 조선시대와 같이 중세사회에서 최상위의 부자들은 귀족들이었다.

　　자본주의는 돈을 중요시했고, 다른 사회체제에서는 돈을 중요하게 여기지 않았다고 생각하면 곤란하다. 돈은 어떤 사회에서도 항상 중요했다. 단, 돈을 얻기 위해서 중요한 게 무엇이냐에 따라 사회체제가 정해지는 것이다. 돈을 얻기 위해서 귀족이라는 신분이 무엇보다도 중요했다면 귀족사회다. 돈을 얻기 위해서는 과거시험에 합격하고 관료로 있는 게 가장 중요했다면 관료사회다. 농사를 지어서 부자가 될 수 있으면 농경(농본)사회이며, 사냥을 잘해야 부자가 될 수 있는 사회는 수렵사회다. 공산주의라고 해서 돈을 배척하는 사회는 아니다. 공산주의 사회는 중국과 북한의 경우에서 보듯이, 정치적 사회혁명을 이끈 사람들과 그 후손이 큰 부자가 된다.

돈은 모든 사회에서 다 중요했고, 그 돈을 벌기 위한 수단으로 어떤 것이 가장 좋은가에 따라 사회체제가 정해진다.

그럼 자본주의 시장경제에서 돈을 벌기 위해, 즉 부자가 되기 위해 가장 필요한 것은 무엇일까? 자본주의 사회에서 돈을 벌기 위해서는 자본이 가장 중요하다. 그래서 자본주의다. 소위 말해서 돈이 돈을 버는 사회, 그것이 자본주의다. 그럼 돈이 돈을 번다는 이야기는 무슨 이야기인가? 돈더미를 장롱 속에 쌓아둔다고 돈이 더 생기지는 않는다. 은행에 큰돈을 예금해 놓는다고 돈이 늘어나는 것도 아니다. 물론 은행 이자 덕분에 돈이 조금 늘어나기는 하지만 그것은 물가상승률에도 미치지 못한다. 은행에 오랫동안 돈을 넣어두면 실질가치로 계산한 돈은 줄어든다. 돈이 돈을 버는 시스템이 작동하지 않는다.

경제학을 만든 가장 중요한 인물 두 명을 꼽으라면 한 명은 애덤 스미스, 또 한 명은 존 메이너드 케인스^{John Maynard Keynes}다. 스미스는 경제학 학문 분야를 처음 만들었고, 케인스는 거시경제학 분야를 만들었다. 국가가 경제에 개입해서 경제를 조정하는 분야가 거시경제학이다. 케인스는 국가경제 규모를 결정하는 원리를 처음 제시했다.

케인스에 의하면, 국가경제의 규모는 다음과 같이 결정된다.

Y(국가경제의 규모) =

C(소비) + I(투자) + G(정부 지원) + X(수출) − M(수입)

소위 말하는 케인스 방정식이다. 어떻게 하면 더 잘살 수 있는가? 소비, 투자, 정부 지원, 수출을 더 많이 하고, 수입을 덜 하면 잘살 수 있다.

소비, 투자, 정부 지원, 수출, 수입이 국가경제에 영향을 미친다고 하지만, 이 5가지가 동등하게 영향을 미치는 것은 아니다. 일단 소비는 잘 늘지 않는다. 사람들은 하루 세끼를 먹는다. 아무리 잘산다 해도 하루 여섯 끼, 아홉 끼를 먹을 수는 없다. 그냥 지금 세끼 먹는 음식의 질이 보다 좋아질 뿐이다. 물론 그것만으로도 충분히 좋은 것이기는 하지만, 소비가 몇 배나 증가하는 것은 불가능하다. 소비를 통해서 국가경제를 활성화하는 것은 어렵다.

정부 지원은 가난한 사람들에게 정말 중요하다. 하지만 정부 지원은 가난한 사람들이 기본적인 생활을 하는 데 초점을 두는 것이지, 사람들을 부자로 만들어주려는 것은 아니다. 정부 지원금으로 부자가 되는 경우는 없다.

수출은 국가경제에 큰 역할을 할 수 있다. 하지만 수출만 하고 수입은 하지 않으면서 엄청난 무역흑자를 얻으면 다른 나라들이 가만있지 않는다. 수출만 하고 수입을 하지 않는 것은 외국의 돈을 빼앗아 오는 것이다. 그래서 수출이 수입에 비해 아주 크지 않도록 어느 정도 비율을 맞추어야 한다. 비정상적으로 수출을 증가시키려 하면 곧바로 국제적으로 부당무역 국가로 낙인 찍히고 징계를 받는다.

케인스 방정식에 나오는 경제변수 중에서 실질적으로 국민경제 성장에 큰 영향을 미치는 것은 투자다. 투자가 많으면 경제가 성장하고, 투자가 적으면 경제는 쇠퇴한다. 투자가 없으면 그 나라는 망해가는 나라다. 국민경제에서 이자율이 중요하다고 하지만, 사실 이자율은 그 자체가 중요한 게 아니라 투자를 유발하는 간접지표로서 중요한 것이다. 이자율이 높으면 투자가 감소하고 이자율이 낮으면 투자가 증가한다. 정부는 이자율을 조정해서 투자를 변화시키고, 이를 통해 궁극적으로 국가경제에 영향을 미치려고 한다. 정말로 중요한 건 이자율 자체가 아니라 투자다. 투자의 규모가 얼마나 되느냐, 그리고 그 투자가 제대로 수익을 올릴 수 있는 투자인가 아닌가가 국가경제의 성장을 결정짓는 가장 중요한 요소다.

국가 수준이 아니라 개인 수준에서도 마찬가지다. 부자가 될 수 있느냐 아니냐는 투자에서 결정된다. 물론 투자 말고 다른 방법으로도 부자가 될 수 있기는 하다. 열심히 공부해서 실력 좋은 변호사, 의사가 되고, 그렇게 십 년 넘게 열심히 일하면 부자가 될 수 있다. 대기업에 들어가 열심히 일해서 나중에 임원이 되면, 그리고 임원으로 몇 년 이상 계속 근무하면 부자가 된다. 대기업 CEO를 몇 년 지내면 엄청난 부자가 될 수 있다.

그런데 자본주의 사회에서는 그렇게 부자가 되는 사람보다 투자를 통해서 부자가 되는 사람이 더 많다. 또한 열심히 일해서 얻는 돈보다 더 많은 돈을 벌 수 있다. 미국에서도 변호사, 의사, CEO는 분명 큰돈을 버는 사람들이지만, 정말 부자로 손꼽히는 사람들은 월스트리트에 있는 투자자들이다. 투자를 하는 사람들, 아니면 투자를 돕는 사람들이다.

투자를 한다고 무조건 돈을 더 버는 것은 아니다. 제대로 된 투자여야 한다. 일본은 30년 전 경제가 불황에 접어들 때 국가경제를 되살리기 위해 엄청난 규모로 투자를 했다. 그런데 투자 대상이 전국 시골에 도로 만들기, 사람이 거의 안 사는 외딴 섬에 다리 놓기 등이었다. 다른 나라들이 넘볼 수 없을 정도로 엄청난 투자를 하기는 했는데, 수익성과는 전혀 관계없는 투자였다. 이런 투자는 경제를 살리지 못하고 일회성으로 소모되는 투자일 뿐이다.

이렇게 제대로 이루어지지 않는 투자, 실패하는 투자도 있지만, 그래도 우리는 계속해서 투자를 해야 한다. 그래야 부자가 될 가능성이 있다. 투자가 모두 성공할 가능성은 없다. 항상 성공하는 투자와 실패하는 투자가 발생한다. 더욱 많이 투자해서 성공하는 투자를 늘려나가는 것, 그것이 자본주의 사회에서 부를 얻는 가장 좋은 방법이다.

지금 자신의 자산 상태를 살펴보자. 그중 얼마가 투자로 분류될 수 있을까? 자기가 지출하는 돈 중에서 얼마 정도가 투자라고 할 수 있을까? 자본 투자만이 아니라 자기 자신의 인적 자본을 증가시키는 투자도 포함해서 살펴보자. 투자 비중이 높으면 부자가 될 가능성이 커진다. 하지만 투자로 분류될 것이 없으면 부자가 될 가능성도 그만큼 작아진다. 투자를 늘리는 것이 일단 부자가 될 수 있는 첫걸음이다.

자본을 모으는 것이 중요하다 -
토마 피케티의 21세기 자본

자본주의 사회에서 남들 수준의 노력은 노력이라고 말할 수조차 없다

- 애널리스트 용대인

21세기에 가장 유명하고 논란이 된 경제 서적은 『21세기 자본』
(글항아리, 2014)이다. 프랑스 경제학자 토마 피케티$^{\text{Thomas Piketty}}$가 쓴
책으로 2013년에 출간되었다. 이 책은 출간되고 나서 경제학계뿐
만 아니라 사회적으로도 크게 논란이 되었다. 21세기 들어 세계 각
국에서 문제가 되는 경제적 불평등에 대해, 그 원인이 무엇인가에
대해 이 책이 커다란 메시지를 전해주었기 때문이다.

이 책은 다양한 실증 자료를 통해 자본소득과 경제성장률의 관계
를 추적했다. 그리고 그 결론으로 다음의 공식을 제시한다.

$$r > g$$

여기서 r은 연평균 자본수익률이다. 자본을 가지고 있을 때 어느
정도 수익을 올릴 수 있느냐를 말한다. 돈을 은행에 예금했을 때 얻
을 수 있는 이자 소득, 주식을 가지고 있을 때 나오는 배당금, 부동

산을 가지고 있을 때 나오는 임대료 등이 대표적이다. 이에 대하여 g는 경제성장률이다. 우리가 일반적으로 말하는 GDP 성장률, 소득이나 생산의 연간 증가율을 의미한다.

피케티는 근대 이후 세계 각국의 자료를 기반으로 어느 국가이든 r 〉 g의 관계가 성립하고 있다는 것을 보여주었다. r 〉 g는 자본주의 시대의 공식이다.

r 〉 g는 굉장히 간단한 식이다. 그런데 그 함의는 그렇게 간단하지 않다. 자본수익률은 경제성장률보다 더 높다. 그리고 경제성장률은 국가의 전체 소득증가율과 같다. 즉, 자본수익률이 전체 국민의 소득증가율보다 더 높다는 것을 의미한다.

국민이 소득을 얻는 방법은 자본을 통한 수익, 아니면 노동을 통한 소득이다. 자본을 통한 수익과 노동을 통한 소득의 평균이 경제성장률이 된다. 여기서 자본수익률이 경제성장률보다 크다는 것은 자본수익률〉경제성장률〉노동수익률의 관계가 성립한다는 것을 의미한다. 즉, 자본수익률〉노동수익률이다. 근로자의 소득이 자본의 소득을 따라가지 못한다. 근로자가 아무리 열심히 노력한다 하더라도 자본가의 이익을 따라잡을 수 없다. 즉, 자본을 가진 사람은 근로자들보다 더 쉽게 부자가 되고 더 큰 부자가 된다.

사실 피케티의 r 〉 g는 우리가 전혀 모르고 있던 새로운 것을 이야기한 것은 아니었다. 우리는 이미 경험적으로 근로소득이 자본소득을 따라잡기 힘들다는 것을 알고 있다. 회사에서 열심히일해도 1년에 몇 천만 원 정도를 버는데, 아파트 값은 몇 억이 쉽게 오른다. 아파트 없이 열심히 일하는 사람보다, 일하지 않고 아파트를 가지고 있는 사람의 재산이 더 쉽게, 더 큰 폭으로 증가한다. 피케티는 우리가 이렇게 경험적으로 알고 있는 정보를 학문적으로 실증한 것이다.

정부가 더 잘하면, 경제 정책을 더 잘 만들면, r 〉g 관계가 없어질 수 있을까? r 〉g 식은 시장경제를 중시하고 자본주의 전통이 강한 국가에서만 나타나는 현상이 아니다. 그동안 세계에서 많은 국가가 경제적 불평등을 해소하기 위해 다양한 정책을 실시했다. 국가가 경제적 평등을 목적으로 할 때 r 〉g의 크기가 줄어들기는 한다. 하지만 r=g가 된다거나(자본수익률=노동수익률), r 〈 g(자본수익률〈노동수익률)로 되는 경우는 없었다. 어떤 국가든, 어떤 정책을 시행하든 r 〉g의 관계는 변하지 않았다.

사실 r 〉g의 관계, 그러니까 자본을 가진 사람이 노동 근로자보다 더 높은 소득을 올리는 것은 자본주의 사회에서만 적용되는 것은 아니다. 피케티는 농경사회에서는 자본수익률이 5% 정도였다는 것을 보여준다. 자본주의 이전의 전통적인 농업사회는 수천 년 동안 경제성장률이 1% 이하였다. 즉, 전통사회에서도 항상 r 〉g의 관계가 성립했다. 오히려 근대 자본주의사회보다 그 차이가 더 심했다.

어느 사회에서든 자본수익률이 노동수익률보다 더 큰 이유는 자본과 노동의 성격을 고려하면 이해할 수 있다. 자본은 이동이 쉽다. 수익률이 높은 곳에 자본이 투여되는데, 만약 수익률이 낮아지면 자본은 수익률이 높은 곳으로 이동한다. 자본은 항상 높은 수익률을 추구할 수 있다.

그런데 노동은 그렇지 않다. 자본은 높은 수익을 주는 곳이 나올 때까지 기다릴 수 있다. 하지만 근로자는 지금 당장 노동을 하지 않으면 소득이 없어 굶을 수 있다. 근로자는 적정 수익을 주지 않더라도, 그냥 먹고 살 만한 돈만 준다고 해도 당장의 어려움에서 벗어나기 위해 일하기 시작한다. 또 과거에는 적정한 수익이 있었지만, 세태가 변해서 더 이상 제대로 된 수익이 나오지 않는다 해도 직업을 바꾸기는 쉽지 않다. 이전에 구두 수선은 적정한 수익이 있었다. 지금은 구두 수선으로 큰돈을 벌기 힘들다. 하지만 구두 수선업자들은 수입이 낮아져도 그냥 구두 수선 일을 한다. 나이 들어 다른 직업으로 바꾸기 힘들기 때문이다.

피케티는 r > g 이외에 또 하나의 자본주의 기본 법칙을 제시한다. 제2 기본 법칙은 다음과 같다.

$$B = s/g$$

여기서 B는 자본/소득 비율이고, s는 저축률, g는 성장률이다. 이 수식의 함의도 간단하다. 저축을 많이 할 때 자본이 증가하고 자본소득도 증가한다. 자본을 축적하려면 저축을 해야 한다는 의미다.

또 이 식에서 경제성장률 g가 높으면 자본/소득 비율이 낮아진다. 즉, 경제성장률이 높을 때 자본은 크게 중요하지 않다. 하지만 경제성장률이 낮아지면 낮아질수록 자본의 힘은 더 커진다. 저성장 사회일수록 자본의 중요성이 더 커진다.

피케티는 『21세기 자본』에서 이런 자본주의 사회의 본질적인 불평등을 치유하기 위해서는 자본에 대해 높은 세금을 매겨야 한다고 했다. 자본에 대한 세금을 늘려 자본수익률 r을 낮춰야 한다고 주장했다. 많은 사회과학자가 이에 동조해서 자본에 대한 제약, 부유세 등을 주장한다.

하지만 피케티는 자신의 책에서 분명히 이야기하고 있다. 어떤 경제 정책을 쓰든, 사회주의 성향의 정책을 사용한다 하더라도 항상 r > g의 관계는 성립한다. 이 차이가 줄어들 수는 있어도 이 관계가 역전되는 일은 없다.

그럼 우리 같은 보통 사람들이 피케티의 『21세기 자본』에서 얻을 수 있는 실질적인 지침은 무엇일까? 정책담당자, 학자, 공무원이라면 사회에 충격을 줄이면서 자본수익률을 줄일 수 있는 방안을 찾을 것이다. 하지만 보통 사람들이 『21세기 자본』을 통해 배울 수 있는 행동 지침은 분명하다. 잘살기 위해서는, 부자가 되기 위해서는 자본을 모아야 한다. 그리고 자본을 통해 수익을 얻을 수 있는 방법을 탐색해야 한다. 주식, 부동산, 투자 등을 알고 이를 실행해야 한다.

근로자로 성공하는 것, 전문가가 되는 것, 자기 일로 인정받는 것, 물론 그것도 중요하다. 하지만 잘사는 길은 아니다. 근로소득은 자본소득을 따라갈 수 없다. 잘살기 위해서는 자본을 모으고 자본을 이용하는 방법을 찾아야 한다. 이것은 자본주의에서만 잘살 수 있는 방법이 아니다. 지금까지 인류가 겪은 어떤 사회에서도 항상 자본이 노동보다 중요했다. 어느 사회에서든 자본을 모으고 축적하는 것이 부자가 되는 길이다.

자본주의는 서양의 사상만은 아니다 - 사마천 사기의 화식 열전

"어진 사람은 재물로 몸을 일으키고 어질지 못한 사람은 몸으로 재물을 일으킨다"
"군자는 물질을 부리고 소인은 물질의 노예가 된다."

– 사서오경 중 『대학』에서

　　"농부는 먹을 것을 생산하고 어부와 사냥꾼은 먹을 것을 잡아 공급한다. 기술자는 이것들로 물건을 만들고 상인들을 이것들을 유통시킨다. 이러한 일들은 정부의 명령이나 지시, 설득으로 이루어지지 않는다. 정부가 강제로 시키거나, 날짜를 정해 시킨다고 이루어지는 일도 아니다."

　　이 말은 생산과 유통이 정부의 지시에 의해 이루어질 수 있는 것이 아니라, 민간에 의해 자율적으로 이루어진다는 것을 이야기한다. 시장경제의 기능을 이야기하고, 경제는 정부의 계획이나 명령으로 움직이는 것이 아니라는 것을 말한다.

　　이 글의 출처는 어디일까? 현대 시장경제를 언급하는 책에서 나온 말이 아니다. 중국 역사가 사마천^{司馬遷}의 『사기^{史記}』에 나오는 말이다. 사마천의 『사기』 중에서 지나가면서 한 군데 언급한 것도 아니다. 사마천의 『사기』에는 70편의 열전이 있다. 그는 당시까지 중국의 위인 70명을 선정해서 이들의 삶에 관해 이야기했다. 그 70편의 열전 중에 「화식열전貨殖列傳」이 있다. 재화를 불린 사람들의 열전, 즉 부자들에 관한 이야기다. 훌륭한 정치가, 위대한 장군, 제가백가의 사상가를 소개하는 열전 중에 부자들의 이야기가 끼어 있다.

사마천의 『사기』는 동양의 역사책 중에서 가장 유명한 책이다. 물론 사마천 이전에도 역사책을 쓴 사람은 있다. 공자의 경우, 『춘추春秋』라는 역사책을 썼다. 하지만 사마천의 『사기』는 양과 질 측면에서 다른 역사책과 완전히 다르다. 이후에 중국, 그리고 우리나라에서도 정식 역사책을 쓸 때 『사기』의 서술 방법을 따르게 된 건 괜히 그런 게 아니다.

이런 공식 역사서에 부자들의 이야기가 그냥 단순히 서술된 게 아니라, 따로 하나의 목차로 구분해서 들어간다는 것은 상당히 이례적인 일이었다. 더더구나 부자들을 부정적으로 보았던 동양 문화를 돌아볼 때 이해할 수 없는 일이기도 하다. 한편으로는 동양에서 부자들을 부정적으로 보는 문화가 원래 그런 건 아니었다는 것을 말해주는 반증이기도 하다. 부자들, 특히 상인들을 안 좋게 보는 것은 유교 문화라 할 수 있다. 중국이 유교를 본격적으로 수용한 것은 한무제 이후이고, 사마천의 역사서는 바로 한무제 때 만들어졌다. 유교 문화가 본격적으로 사회에 뿌리 내리기 전에는 부자가 되는 것, 재산을 불리는 것, 상인이 되는 것이 사회적으로 긍정적으로 받아들여졌다는 것을 의미한다.

「화식열전」의 내용을 보면 상업에 대해 상당히 긍정적이다. 여기서는 돈벌이가 가장 좋은 것은 상거래라고 이야기한다. 그리고 상인에 대해서도 절대로 부정적이지 않다.

월나라 재상을 지낸 범려는 재상을 그만두고 상거래로 큰 재산을 모았다. 지금 우리나라로 치면, 국무총리를 지낸 사람이 장사에 뛰어들어 큰돈을 벌었다는 것이다.

공자의 제자 중에 자공이 있다. 자공은 공자의 제자 중에서 가장 부자였다. 조나라와 노나라 사이에서 상거래를 해서 부자가 되었다. 『사기』에서는 공자가 세상에 이름을 알리게 된 것도 거부인 자공이 공자를 모시고 다녔기 때문이라고 말한다. 공자는 각 나라를 돌아다닐 때 굶주리며 돌아다니지 않았다. 네 마리 말이 끄는 기마 행렬을 거느리고, 비단을 선물로 들고 다니며 제후들에게 나누어주었다. 그래서 각 나라 제후는 공자 일행을 환대했다. 그 돈이 모두 자공에게서 나왔다. 거부인 자공이 없었다면 공자도 없었다.

당시 사회적으로도 부자는 높은 대우를 받았다. 중국 오지현에 살던 사람 중에 큰 부자가 있었는데, 중국을 통일한 진시황제는 봄가을에 대신들이 황제를 알현할 때 이 오지현의 부자도 같이 참석하게 했다. 또 파군 지역의 과부 청이라는 여인도 부자였는데, 진시황은 청을 빈객으로 대우했다.

춘추전국시대에 부자는 대신과 같은 급으로 대우를 받았다. 사마천은 '천금의 부자는 한 도읍의 군주에 맞먹고, 거만금을 가진 부자는 왕과 같다'라고 썼다. 계속 이익을 내는 부자들은 녹봉을 받는 귀족과 같다고 본 것이다.

상인과 부자들이 존경을 받은 것뿐만이 아니다. 더 재미있는 것은 사마천의 『사기』가 경제를 보는 시각이다. 현대 자유주의 경제 이론이라고밖에 볼 수 없는 말이 많이 나온다. 다음은 「화식열전」에 나오는 말이다.

"(경제는) 마치 물이 낮은 곳으로 흐르는 것과 같아, 밤낮으로 쉴 새 없이 재화를 일부러 부르지 않아도 저절로 모여든다. 일부러 만들어내려 하지 않아도 백성이 스스로 만들어낸다."
"물건과 돈은 그 유통이 흐르는 물과 같아야 한다."
"천하 사람은 모두 이익을 위해 기꺼이 모여들고, 모두 이익을 위해 기꺼이 떠난다."

경제는 계획이나 의도에 의해서 이루어지는 것이 아니라 자연적으로 흐르는 것이라고 사마천은 이야기한다. 그리고 사람들은 어디까지나 이익을 추구하고 이익에 의해 움직인다고 본다. 인간의 이기심을 인정하고 정부가 의도적으로 무언가를 만들어낼 수 없다는 것, 이것이 현대 시장경제주의의 핵심이다.
부자를 보는 시각은 어떤지 보자.

"부자, 가난한 사람이 되는 것은 물건을 빼앗거나 물건을 안겨주어서 되는 것이 아니다. 교묘한 재주가 있는 사람은 재물이 남아도는 것이고, 그런 재주가 없는 사람은 재물이 모자라게 되는 것이다."
"부라는 것은 사람의 타고난 본성이라 배우지 않아도 누구나 바라는 것이다."
"부자들은 작읍이나 봉록을 가진 것도 아니고, 법률을 교묘하게 운용하고 나쁜 짓을 하여 부자가 되는 것도 아니다. 모두 사물의 이치를 헤아려 행동하고 시세 변화를 살펴 그 이익을 얻는 것이다."

"부유해지는 데는 정해진 사업이 없고 재물에는 일정한 주인이 없다. 능력이 있는 사람에게는 재물이 한곳으로 모이고, 능력이 없는 사람에게서는 기왓장 부서지듯 흩어진다."

상거래를 부정적으로 보지도 않았다.

"부자를 추구하는 길에는 농업이 공업만 못하고 공업이 상업만 못하니, 비단에 수를 놓는 것이 저잣거리에서 장사하는 것만 못하다"

"아껴 쓰고 부지런한 것은 생업을 다스리는 바른 길이다. 그렇지만 부자가 된 사람은 반드시 기이한 기회를 활용했다."

"아껴 쓰고 부지런한 것은 생업을 다스리는 바른 길이다. 그렇지만 부자가 된 사람은 반드시 기이한 기회를 활용했다."

또 사마천은 직업의 귀천을 따지지 않고 있다. 대장장이, 술 장사, 고기 장사, 말의 병을 고치는 수의사, 칼 가는 장인, 행상, 도박 등 어떤 직업이든지 부자로 성공한 사람은 훌륭한 사람으로 본다. '성실하게 한 가지 일에 노력한 결과'로 부자가 되었다고 칭한다.

사마천의 「화식열전」은 동양 문화가 원래 부자에 대해 적대적이 아니었다는 것, 상거래를 무시하는 문화가 아니었다는 것을 말해준다. 사농공상의 계급 구분이 진리가 아니었다는 것을 보여준다. 사농공상의 시스템으로 돈벌이를 천시하는 것, 그리고 정부가 경제에 강력히 개입해야 한다는 발상은 어디까지나 유교 문화의 잔재라는 것을 알려주고 있다.

부자에 대해 거부감을 가지고 있는가? 상거래에 대해 부정적이고, 또 정부의 강력한 시장개입이 중요하다고 보는가? 우리는 고려시대와 조선시대를 거쳐 약 1,000년간 유교 문화 속에서 살았다. 특히 조선 500년은 세계적으로 유례없는 유교 근본주의 시대였다. 우리의 그런 사고방식은 실제 경제 현실과도 맞지 않고, 동양의 본래 사고방식도 아니다. 어디까지나 유교의 사고방식일 뿐이다.

부자나 부자가 되는 것에 대해 부정적으로 생각하고 있다면 '내가 아직 유교적 사고방식을 갖고 있구나'라고 인식해야 한다. 진실은 다른 곳에 있다고 생각해야 한다. 그래야 나도 부자가 될 수 있는 길이 열릴 수 있다.

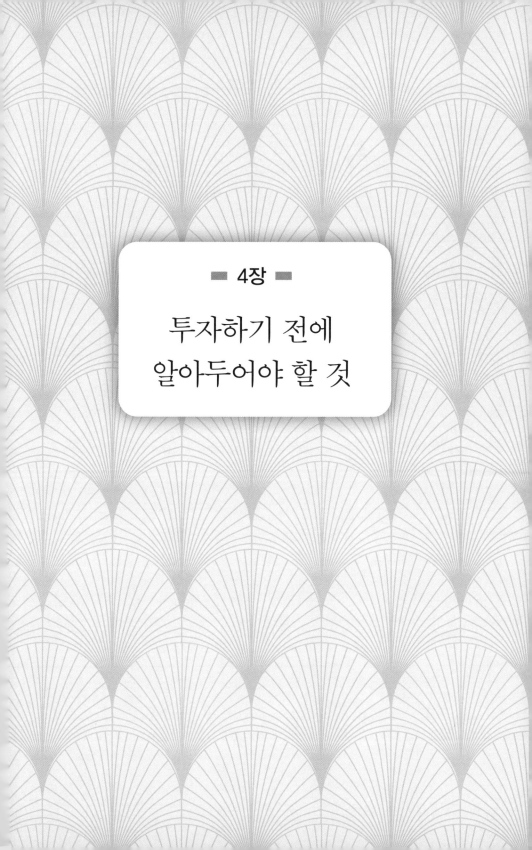

■ 4장 ■

투자하기 전에
알아두어야 할 것

가격은 공급과 수요에 의해서 결정된다 - 경제원론

투자자 입장에서 투자를 할 때 가장 중요한 것은 가격이다. 일단 어떤 투자 대상의 가격이 싼지 비싼지를 판단할 수 있어야 실행에 나설 수 있다. 가격이 싸다면 앞으로 오를 것이니 사야 하고, 가격이 비싸다면 앞으로 떨어질 것이니 팔아야 한다.

우리는 일반 생활에서 만나는 제품의 가격대를 알고 있다. 컵라면은 용량에 따라 몇 천 원의 가격이라는 것을 일반 사람들은 다 안다. 이때 어떤 사람이 컵라면을 1만 원에 판다고 하면, 말도 안 되는 비싼 가격이라는 것을 안다. 절대로 사지 않는다. 판매자가 이건 원래 10만 원짜리인데 특별히 고객님에게만 1만 원에 파는 것이라고 아무리 진지하게 말해도 귀 기울여 듣지 않는다. 그놈은 그냥 사기꾼일 뿐이라는 걸 안다.

또 어떤 사람이 컵라면을 300원에 판다고 내놓으면 당장 사려고 한다. 상품에 하자가 있는지, 유통기간이 지난 것인지 확인하고 아무 문제가 없다면 돈이 있는 대로 다 산다. 우리가 가격을 제대로 알면, 사기를 당하지 않고 싼 가격에 물품을 살 수 있다. 자연스레 투자에서도 이익을 낼 수 있다.

이렇게 일반 생활용품에 대해서는 현명한 선택을 하는 사람들이 투자의 세계에 들어가면 이상한 판단을 한다. 어떤 회사의 주식이 1만 원 하다가 5,000원으로 떨어지면 싸다고 생각하고 주식을 산다. 어떤 회사의 주식이 1,000원 하다가 2,000원으로 오르면 비싸졌다고 생각하고 주식을 판다. 하지만 1만 원 하던 주식이 5,000원이 되었다고 해서 싸진 것은 아니다. 컵라면을 1만 원에 팔겠다고 하던 사람이 가격을 낮추어 5,000원에 팔겠다고 해서 싸게 파는 게 아니다. 여전히 바가지다. 컵라면을 300원에 팔다가 600원에 판다고 해서 비싸진 게 아니다. 여전히 싼 가격이고, 더 사야 한다.

일반 생활용품은 이렇듯 우리가 살아오면서 계속 대하기 때문에 가격대를 알고 있다. 하지만 주식 같은 투자 상품은 정가를 알 수 없다. 투자할 때 우리가 가장 먼저 판단해야 하는 것은 그 상품의 적정한 가격이 어느 정도인가 하는 문제다.

그러면 가격은 어떻게 판단해야 하는가? 지금 가격이 적정한지 아닌지, 그리고 해당 상품의 가격이 앞으로 오를지 내릴지를 어떻게 판단해야 하는가? 경제학 원론에서는 이 문제에 대해 아주 확실하고 간단한 명제를 제시한다. '가격은 수요와 공급에 의해서 결정된다'라는 명제다.

사실 어떤 가격이 적정한 가격인가 하는 것은 경제학에서 무척 어려운 문제였다. 처음에는 상품의 가격이 그 상품의 본원적 가치에 의해서 정해진다고 보았다. 더 좋은 제품이 더 비싸고, 살아가는 데 더 유용한 제품이 더 비싸다.

이게 당연한 것 같은데 실제로는 그렇지 않은 예외가 너무 많다. 가장 유명한 사례가 다이아몬드-물 패러독스^{diamond-water paradox}다. 경제학이 성립되는 초창기에 애덤 스미스가 제시했다. 물은 사람이 살아가는 데 반드시 필요하다. 그런데 이렇게 귀중한 물의 가격은 낮다. 누구나 쉽게 살 수 있는 가격에 팔린다. 다이아몬드는 사람들이 살아가는 것과 아무 상관이 없다. 없어도 그만인 장신구일 뿐이다. 그런데 다이아몬드의 가격은 굉장히 높다. 물이 다이아몬드보다 훨씬 더 가치가 높고 또 유용한데 가격이 형편없이 낮은 이유를 스미스는 알 수 없었다. 그래서 다이아몬드-물 패러독스로 불렸다.

이런 다이아몬드-물 패러독스를 해결한 이론이 나왔다. 노동가치설^{labor theory of value}이다. 그 당시 사람들이 물을 얻기 위해서는 냇가에 가서 물을 길어와야 했다. 마을이 어디 있느냐에 따라 다르기는 하지만 보통 30분~1시간 몸을 움직이면 물을 구할 수 있었다. 그런데 다이아몬드를 구하기 위해서는 땅을 파고 구덩이를 파야 한다. 엄청난 시간을 투여해야 한다. 물을 얻기 위해서는 노동을 적게 들여도 되고, 다이아몬드를 얻기 위해서는 노동을 많이 해야 한다. 이 차이가 가격 차이로 나타난다.

노동가치설은 19세기 말까지 대표적인 가격 이론이었다. 노동을 투여하면 가격이 올라간다. 열심히 하면 그에 따른 보상도 높아진다. 마르크스의 자본론, 사회주의도 이 노동가치설에 기반한다. 노동자는 하루 종일 열심히 일하는데 수입이 적다. 자본가는 힘든 일을 안 하고 유유자적하게 지내는데 돈은 더 많이 번다. 노동가치설에 의하면 이것은 말도 안 되는 일이다. 노동자는 자기가 일한 대가를 제대로 받지 못하는 것이고, 이것은 자본주의 사회가 잘못 굴러

가기 때문이라고 보았다.

노동가치설은 아직 우리의 사고방식에 많이 남아 있다. 열심히 일했으면 그만큼 보상을 받아야 한다는 것이 노동가치설적 사고방식이다. 일이 잘 안 풀릴 때, 더 열심히 하자고 생각하는게 노동가치설이다.

그런데 노동가치설도 곧 한계에 부딪힌다. 다른 식당들은 대충 샌드위치를 만들어서 8,000원에 판다. 하지만 나는 온 힘을 다해서 좋은 재료를 구하고, 2배나 더 열심히 샌드위치를 만들었다. 하나의 샌드위치를 만드는 데 무려 5시간을 투자했다. 그러면 그 샌드위치는 최소한 4만 원 이상의 가격으로 팔려야 한다. 노동은 분명 5배 이상 투여했다. 하지만 아무도 그 가격에 사주지 않는다. 기껏해야 1만 원 정도에 팔릴 뿐이다. 이 사회에서는 분명 더 열심히 했다고, 시간이 더 오래 걸렸다는 이유로 가격을 더 쳐주지 않는다.

이 문제가 해결된 것은 1900년대 초였다. 물건의 가격은 도대체 어떻게 결정되는 것인가라는 문제가 처음 제시된 후, 거의 200년간 헤매다가 결국 답을 찾았다. 한계효용학파가 문제를 해결했는데, 수요 측면의 한계 효용과 공급 측면의 한계 비용이 만나는 점에서 가격이 결정된다고 보았다. 어려운 말로 표현했는데, 쉽게 말하면 가격은 수요와 공급에 의해서 결정된다는 것이다.

어떤 물건의 본질적 가치는 없다. 사람들의 수요가 증가하면 가격이 올라간다. 그리고 수요가 떨어지면 가격도 떨어진다. 공급이 증가하면 가격은 떨어진다. 그리고 공급이 감소하면 가격은 올라간다. 수요의 증감과 공급의 증감, 이 2가지의 역학관계에 따라서 가격이 결정된다.

어떤 회사의 매출과 이익이 올라갔다. 그러면 주가도 오르는가? 회사의 매출, 이익이 올라간다고 주식이 오르는 게 아니다. 그 회사 주식에 대한 수요가 증가하거나 공급이 감소하면 주가가 오른다. 매출과 이익이 올라도 사람들이 그 회사를 좋아하지 않아서 회사 주식을 사려고 하지 않으면 주가는 오르지 않는다. 매출과 이익이 올라도 그 회사가 유상증자를 해서 주식 공급을 늘리면 주가는 오르지 않는다.

많은 창업자는 기존 제품보다 더 나은 제품을 만들고 더 나은 가격을 받고자 한다. 기존 제품보다 더 많은 기능을 붙이고 더 좋은 재료를 썼으니, 가격도 더 비싸야 한다는 논리다. 하지만 이것은 제품에는 본질적 가치가 있다는 발상에서 나오는 주장이다. 아무리 더 좋은 재료를 썼어도 사람들이 찾지 않으면 가격은 오를 수 없다.

암호화폐 비트코인은 실생활에서 아무런 사용가치가 없다. 그래서 가격도 0이 되어야 한다고 생각한다면 이건 가치론적 발상이다. 가격은 사용가치와 상관없다. 수요가 있고, 공급이 늘지 않으면 가격은 오른다.

'내가 이걸 만들기 위해 얼마나 노력했는데……' 이것은 노동가치설적 사고방식이다. 200년 전 사고방식으로 '지금 왜 통용되지 않느냐'며 속상해하면 곤란하다. 다시 말하지만, 가격은 수요와 공급에 의해서 결정된다. 돈을 벌기 위해서는, 특히 투자를 제대로 하기 위해서는 반드시 전제로 깔아두어야 하는 이론이고 사고방식이다. 어떤 상품이든, 우리는 공급과 수요 측면을 같이 살펴보면서 가격을 추정해야 한다.

반드시 알아두어야 할 경제지표 - 이자율

1980년 어느 추운 겨울날 아침, 애플컴퓨터는 상장이 되었다. 정신없 던 그날이 지나고, 64명이 백만장자가 되었다. 나도 그들 중 하나였 다. 내가 그날 주식을 안전한 금고에 넣어 두었더라면, 그 가치는 현재 1,800만 달러 이상이 되었을 것이다. 하지만 나는 그러지 않고 주식을 시장에 내다팔았다. 그리고 24개월 후 내게는 단 30만 달러만이 남아 있었다.

– 브루스 토냐치니 (전 애플 직원)

현대 경제에는 수많은 지표가 있다. GDP(국내총생산)에서부터 1인 당 국민소득, 수출액, 수입액, 환율, 경제성장률, 통화량, 이자율, 물 가상승률, 실업률, 주가지수, 조세부담률 등등 수많은 경제지표가 있다. 이 지표들은 모두 한국 경제의 실상을 알려준다. 경제전문가, 주식전문가는 이런 지표들을 기반으로 한국 경제가 어떻다, 주식시 장이 어떻다, 향후 전망이 어떻다 등을 논의한다.

그런데 사실 저자는 위 지표의 수치들을 대부분 잘 모른다. 개념 은 알고 있지만, 정확한 수치가 어느 정도인지는 잘 모른다. 한국의 GDP가 얼마인지, 실업률이 어느 정도인지, 경제성장률이 어느 정 도인지 잘 알지 못한다. 물론 대강은 안다. 실업률이 5%를 넘지는 않고 있다는 것, 경제성장률은 2~3%를 넘지 않는다는 것 정도는 알고 있다. 하지만 정확한 수치는 모르고 알아볼 생각도 없다. 지금 까지 살아오는데 이런 수치를 몰라도 상관없었다. 환율 같은 경우 해외여행을 할 때 중요한 요소로 작용하기는 했지만, 그 외의 경우 에 이런 거시 경제지표는 별 의미가 없었다.

하지만 단 하나의 지표만은 살펴본다. 금리, 즉 이자율이다. 우리가 살아가는데, 특히 경제적 의사결정을 하고 투자를 하는 데 이자율은 굉장히 중요하다. 다른 지표들은 몰라도 이자율만은 알고 있어야 한다고 생각한다.

일단 이자율이 중요한 이유는 이자율이 투자에 커다란 영향을 미치기 때문이다. 경제학에서 투자 I는 이자율 r의 함수다.

$$I = I(r),\ I'(r) < 0$$

이자율과 투자의 관계는 음의 관계다. 즉, 이자율이 올라가면 투자가 감소하고, 이자율이 내려가면 투자가 증가한다. 은행 이자율이 3%라고 하자. 이때 투자에 자신이 없는 사람들은 돈을 은행에 저금한다. 그런데 투자를 해서 3%보다 높은 수익을 올릴 수 있다고 생각하는 사람들은 은행에 저금하지 않고 투자하거나 사업을 한다. 이때 은행 이자율이 5%로 올랐다고 하자. 그럼 그동안 투자로 4%, 5% 수익을 올리던 사람들은 더 이상 투자를 할 필요가 없다. 은행에 두면 5% 이자가 나오는데, 힘들게 투자나 사업을 해서 4%, 5% 수익을 얻을 이유가 없다. 이 사람들은 투자를 그만두고, 그냥 은행에 예금한다.

투자와 경제는 다음의 관계가 있다.

$$Y(국민소득) = C(소비) + I(투자) + G(정부지출) +$$
$$X(수출) - M(수입)$$

국민소득 Y에서 가장 큰 비중을 차지하는 건 소비 C다. 하지만 소비는 잘 변화하지 않는다. 국민소득을 구성하는 소비, 투자, 정부 지출, 수출, 수입 중에서 가장 크게 변동하는 것은 투자다. 그래서 투자가 증가하면 국민소득이 증가하고, 투자가 감소하면 국민소득이 감소하는 현상이 나타난다. 그런데 투자는 이자율에 큰 영향을 받는다. 그렇기 때문에, 다음의 관계가 성립한다.

이자율 상승 =〉 투자 감소 =〉 국민소득 감소 (경제 상황 악화)
이자율 하락 =〉 투자 증가 =〉 국민소득 증가 (경제 상황 호전)

결국 이자율이 하락하면 주가가 상승하고 부동산 가격도 오른다. 대출을 더 많이 받을 수 있어 빚을 내서 사업을 하기도 더 쉬워진다. 반대로 이자율이 상승하면 주가가 하락하고 부동산 가격도 떨어진다. 빚을 내기 어려워져 새로운 사업을 하기도 힘들다. 이자율이 오르면 전반적인 경제 상황이 안 좋아진다.

이자율 움직임에 특히 신경 써야 하는 건 부채가 많은 사람이다. 이자율이 낮을 때는 부채가 많아도 별 상관없다. 이자에 별 신경 안 쓰고 부채를 더 끌어들여 높은 레버리지로 사업을 하거나 투자를 한다. 이때 이자율이 오르기 시작하면 문제가 발생한다. 사람들은 바보가 아니다. 이자율이 낮아도 이자 부담이 힘든 수준으로 부채를 끌어당겨 쓰지는 않는다. 이 정도 이자는 별 문제가 아니라는 판단이 가능할 때 빚을 부담한다. 합리적인 의사결정으로 빚을 지는 것이다.

하지만 이자율이 오르기 시작하면 이런 의사결정은 더 이상 합리적이지 않다. 부채가 많은 기업도 이자 부담이 늘어나서 경영이 어려워진다. 이자율 상승을 예상하지 못한 사람들은 이때 큰 어려움을 겪게 된다. 이자율은 변하지 않는 상수가 아니라 언제든 변할 수 있는 변수다.

그래서 사실 이자율에서 중요한 것은 현재 이자율이 정확히 얼마인가가 아니라 이자율의 방향이다. 지금 이자율이 오르는 중인가 내리는 중인가, 앞으로 이자율이 오를 것인가 내릴 것인가가 중요하다. 이자율이 정체 상태라면 큰 변화는 없다고 봐도 된다. 이자율이 앞으로 계속 오를 것으로 예상된다면 그에 따른 대비를 미리 해야 한다. 이자율이 많이 올라서 어려움이 닥친 다음에 이럴 줄 몰랐다고 말해서는 안 된다. 또 이자율이 앞으로 계속 내려갈 것으로 예상될 때도 그에 따른 준비를 충분히 해야 한다. 이자율이 장기적으로 내려가는 상황은 인생에 몇 번 안 되는 기회의 순간이다. 이때 최대한으로 수익을 낼 수 있도록 미리 준비할 필요가 있다.

이자율과 관련해서 반드시 알아두어야 할 사항이 있다. 국제사회에서 이자율은 어느 한 나라가 독립적으로 정할 수 있는 사항이 아니다. 세계에는 기준이 되는 이자율이 있다. 바로 미국의 이자율이다. 미국 국채는 전 세계에서 가장 안정적인 자산으로 인정받는다. 무슨 일이 있어도 미국은 그 채권을 갚을 것이라는 믿음이다. 미국 국채는 100% 안전자산이다.

그러면 다른 나라의 이자는 미국보다 높아야 한다. 다른 나라 국채는 미국 국채보다 위험성이 존재하므로(지금은 반드시 갚겠다고 이야기해도, 나중에 전쟁이 나거나 혁명이 나거나 하면 갚지 않을 가능성이 크다), 수익 위험 비례 원칙에 따라 더 높은 이자를 주어야 한다. 그러지 않으면 자본이 미국으로 빠져나간다.

결국 미국이 금리를 올리면 다른 나라도 미국을 따라 금리를 올려야 한다. 미국이 금리를 내린다고 해서 따라 내릴 필요는 없다. 하지만 미국이 금리를 올리면 다른 나라들도 같이 올릴 수밖에 없다.

금리를 올리면 투자가 감소하고 경제 상황이 안 좋아진다. 주가와 부동산도 하락한다. 미국이 금리를 올려서 경제가 안 좋아지는 것은 미국 한 나라에서 끝나지 않는다. 미국 금리 인상의 효과는 세계적으로 퍼져나간다. 미국은 금리를 올려도 우리나라는 올리지 않겠다고 버텨도 소용없다. 금리를 올리지 않으면 대거 자본이 빠져나가면서 더 큰 어려움을 겪는다.

경제전문가가 아닌 한 수많은 경제지표를 공부할 필요는 없다고 본다. 하지만 이자율, 금리만은 반드시 체크해야 한다. 투자자나 사업하는 사람에게 이자율은 엄청난 영향을 미치는 경제변수다. 이자율의 변곡점에 맞추어 경제 활동을 조정할 필요가 있다.

기업가치 - 주식가치는 어떻게 판단할 수 있을까

이 세상에는 뭔가를 조금 나쁘게 만들어 더 싸게 파는 사람들이 있죠. 뭔가를 선택할 때 가격만 보고 선택하는 사람들은 그런 사람들의 합법적인 희생양이 되는 겁니다.

– 존 러스킨

투자는 기본적으로 싸게 사서 비싸게 파는 것이다. 주식이든 부동산이든 아니면 금이나 은이든 모든 투자는 싸게 사서 비싸게 파는 것, 아니면 자기가 산 가격보다 더 비싼 가격에 파는 것을 목적으로 한다. 말만 들으면 무척 간단한 것 같다. 하지만 투자가 어려운 것은 그 가격을 판단하기 어렵기 때문이다. 싸게 사야 한다는데 얼마가 싼 건지 알 수 없다. 비싼 값에 팔라고 하는데 얼마가 비싼 건지 알 수가 없다. 그래서 투자하기 위해서는 먼저 가치를 어떻게 판단해야 하는지, 가격이 얼마인지를 판단할 수 있어야 한다.

주식은 기업의 지분이다. 그래서 주식의 가치를 판단하는 것은 기업의 가치를 판단하는 것과 같다. 최근 각광받고 있는 경영학 분야 중 하나는 인수합병, 즉 M&A다. 많은 기업이 다른 기업을 인수 합병하면서 몸집을 키워나간다. 스타트업은 스스로 대기업으로 커가는 것을 목적으로 하는 경우도 있지만, 상당수 스타트업은 대기업에 인수 합병되기를 원한다. 회사를 키워서 다른 회사에 판매하는 것, 그것이 단기간에 큰돈을 버는 방법이다. 다른 기업을 인수 합병할 때는 그 기업을 얼마에 사야 하는지, 또는 얼마에 팔아야 하는지가 주요 이슈다. 기업의 정확한 가치를 알아야 인수합병이 원활히 이루어진다. 그래서 M&A와 관련해서 기업의 가치를 측정하는 방법이 개발되어 있다. 바로 기업가치 평가론이다.

기업가치 평가라는 학문 분야까지 있으니, 기업 가치를 산정하는 것은 별 어려움이 없을 것 같다. 기업가치 평가론에서 제시하는 대로 기업 가치를 평가하면 되는 것 아니겠는가. 그리고 기업 가치를 평가하면 자연스레 그 기업의 주식가치도 나온다. 많은 기업이 부동산을 소유하고 있다. 기업 가치를 평가하려면 자연스레 기업이 소유한 부동산도 평가해야 한다. 즉, 기업 가치평가 방법 안에는 부동산을 평가하는 방법도 들어 있다. 이 방법을 사용하면 부동산가치도 객관적으로 판단할 수 있다.

이렇게 이야기하면 주식과 부동산의 가치는 객관적으로 측정될 수 있을 것 같다. 주식이 싼지 비싼지, 부동산이 싼지 비싼지를 제대로 판단하고 투자에 활용할 수 있을 것 같다는 기대가 생긴다. 그런데 그게 그렇지가 않다. 기업가치 평가론에서는 기업가치 평가 방법, 주식가치 평가나 부동산가치 평가법을 이야기하는데, 그 방법이 10가지가 넘는다. 그 10가지 모두 각각 객관적이고 타당한 방법으로 인정받는다. 그런데 이 중 어떤 방법을 선택하느냐에 따라 그 가치가 몇 배나 차이 날 수 있다.

주요한 가치평가법 몇 가지를 알아보자. 일단 원가법이 있다. 처음에 산 가격을 기준으로 가치를 판정하는 것이다. 아파트를 3억에 분양받았으면, 소유주는 그 아파트를 3억 원짜리라고 생각하고, 나

중에 팔 때도 3억 원 이하로는 팔지 않으려고 한다. 기업의 경우에는 현재 보유하고 있는 부동산, 기계, 사무기기 등을 처음에 얼마 주고 샀느냐를 기준으로 가치를 산정한다. 현재 보유하고 있는 자산의 구입가격 총액이 기업의 가치가 된다.

시장가치법도 있다. 현재 시장에서 얼마에 거래되느냐를 기준으로 한다. 아파트를 3억 원에 샀는데, 현재 해당 아파트가 시장에서 4억 원에 거래되고 있다면 그 아파트는 4억 원짜리로 계산한다.

청산가치법도 있다. 시장가치는 해당 부동산이 정상적으로 팔리는 것을 기준으로 한다. 아파트가 4억의 시장가치가 있다고 하지만, 팔려고 중개사에게 내놓으면 며칠 내로 바로 팔리는 것은 아니다. 제값을 받고 팔려면 보통 몇 개월의 시간이 지나야 한다. 청산가치는 지금 당장 시장에서 팔리는 가격을 기준으로 한다. 4억 원짜리를 4억 원에 내놓으면 언제 팔릴지 모른다. 이때 3억 5,000만 원 정도에 내놓으면 바로 누군가가 사겠다고 달려든다. 이렇게 지금 당장 팔릴 수 있는 가격이 청산가치다.

수익률 접근법도 있다. 3억 원을 주고 산 아파트인데 월세를 주면 월 50만 원 정도 받는다고 하자. 월 50만 원이면 연 600만 원이다. 연 3% 이자율이라면 2억 원을 은행에 예금했을 때 연 600만 원의 이자가 나온다. 즉, 연 600만 원 수익을 올린다면 2억 원의 가치가 있는 상품이다. 이 아파트는 월세로 연 600만 원을 받을 수 있기 때문에 이 아파트의 가치는 2억 원이다.

똑같은 아파트인데 수익률 접근법으로 계산하면 2억 원이 되고, 원가법으로 계산하면 3억 원이 되고, 청산가치법으로 계산하면 3억 5,000만 원이고, 시장가치법으로 계산하면 4억 원이 된다. 이 4가지 방법 모두 공식적으로 인정되는 기업가치 평가법이다. 그런데 그중 어느 것을 사용하느냐에 따라 2억 원에서 4억 원까지 차이가 난다.

1997년 외환위기 이후 한국에서 외환은행을 론스타에게 판 것이 헐값 매각이냐, 아니냐 등에 대해서 아직까지 이런저런 논쟁이 지속되고 있는 것도 이 때문이다. 정부가 공기업을 민간기업에 팔 때 헐값 시비가 나오면서도 완전히 헐값 판매라고 판결이 나지 않는 이유도 이 때문이다. 그 많은 기업가치 평가법 중에서 어떤 것을 적용하느냐에 따라 적정 가치가 완전히 달라지는데, 그 가치평가 방법이 모두 공식적으로 인정된 것들이다. 비록 싸게 팔았다고 하더라도 그런 가치평가 방법 중 하나를 사용한 이상, 그것이 헐값 판매인지 아닌지 판정하는 게 실질적으로 불가능하다.

어쨌든 기업가치 평가법은 이렇게 다양하고 또 그 결과가 다르기 때문에 실질적으로 투자자에게 큰 도움이 되지는 않는다. 그럼에도 불구하고 자산을 평가하는 가장 기본적인 방법, 마지노선에 해당하는 평가 방법이 있다. 바로 수익률 접근법이다.

앞에서도 말했지만, 수익률 접근법은 그 자산으로부터 매년 얼마의 수익이 나오는가를 기준으로 한다. 이 수익을 시장 이자율과 비교해서 적정 가격을 산정한다. 이자율이 3%일 때 금융기관에 1억을 예치하면 매년 300만 원의 수익이 나온다. 즉, 이자율 3%일 때 매년 300만 원의 수익을 주는 자산의 가격은 1억 원이고, 3,000만 원의 수익이 나오면 10억 원이다.

부동산에서 나오는 월세 수입이 매년 300만 원이면 그 부동산은 1억 원의 가치를 가진다. 아파트든, 상가든, 오피스텔이든, 지식센터든 상관없다. 그게 기업이고 매년 3억 원의 이익을 내면 그 기업은 100억 원짜리다. 이 기업이 100만 주를 발행했다면 1주의 가격은 1만 원이 된다.

만약 적정 이자율이 6%라면 매년 300만 원의 수익이 나오는 부동산은 5,000만 원짜리가 된다. 매년 3억 원의 이익이 나오는 기업은 50억 원짜리 기업이 된다. 똑같이 매년 600만 원의 수익이 나오는 부동산이 이자율 3%일 때는 1억 원이고, 이자율 6%일 때는 5,000만 원이 된다. 이자율이 올라가면 자산가격이 폭락하고, 이자율이 내려가면 자산가격이 폭등하는 것은 기본적으로 이 수익률 접근법으로 자산가격을 평가하기 때문이다.

수익률 접근법의 관점에서 반드시 알아두고 활용해야 할 주식 지표가 있다. 바로 PER(Price-Earning Ratio, 주가수익비율)이다. PER는 기업의 당기순이익/주식 가치로 정의된다. 그런데 PER 값 × 수익률 = 1의 관계가 성립한다. 즉, 수익률 = 1/ PER이다. PER가 20이면 수익률은 1/20 = 5%다.

기업 활동을 하면 금융기관에 돈을 두는 것보다 더 높은 수익률이 나와야 한다. 금융기관에서 받을 수 있는 이자율이 3%라면, 기업을 경영하면 못해도 5% 수익률은 나와야 한다. 수익률 5%일 때 PER 값은 20이다. 그래서 보통 PER는 20을 기본값으로 친다.

PER가 50이면 수익률은 2%가 되고, PER가 100이면 수익률은 1%다. 금융기관에 예치하는 것보다 수익이 작다. 그래서 이때는 주식이 고평가되었다고 본다. PER가 10이면 수익률은 10%이고, PER가 5이면 수익률은 20%다. 금융기관 예치보다 훨씬 높은 수익을 올리는 것이고, 따라서 이 주식은 저평가되었다고 본다.

물론 이 PER가 절대적이지는 않다. 지금 PER가 10이라 하더라도 내년에 수익이 적어질 것이라고 예상한다면 적정 평가일 수도 있고, 지금 PER가 50이더라도 앞으로 더 많은 이익이 예상된다면 고평가가 아닐 수도 있다. 하지만 PER는 가장 기본적인 지표이고, 주식의 수익률을 비교평가하는 데 가장 좋은 지표라는 것은 분명하다. 다른 지표는 몰라도 최소한 PER만은 관심을 가지고 지켜볼 필요가 있다. 현재 가격이 고평가인지 저평가인지 적정 가격인지에 대해 가장 신뢰성 있는 판단 기준을 제공해준다.

미래 예측은 어떻게 할 것인가

투자는 계속해서 살얼음판을 걷는 것과 같다. 살얼음판을 걷기 위해서
는 걸음을 내딛을 때마다 계속해서 얼음을 확인해야 한다. 초보자든
전문가든, 한 걸음씩 조심스럽게 발을 내딛어야 하는 건 동일하다.
– 최성락, 「50억 벌어 교수직도 던진 최성락 투자법」(2021) 중에서

지식은 시간대에 따라 3가지 지식으로 구분된다. 과거 지식, 현재
지식, 그리고 미래 지식이다. 학교에서 배우는 것은 모두 과거의 지
식이다. 언론, TV, 뉴스는 현재의 지식을 바탕으로 한다. 지식의 대
부분은 과거의 지식과 현재의 지식이 차지한다. 미래에 대한 지식은
미래를 예측하고자 하는 극소수 책이나 연구 논문, 그리고 예언자의
언급밖에 없다.

학자가 되기 위해서는 과거의 지식을 많이 알아야 한다. 유튜브
등 인터넷 매체에서 성공하기 위해서는 현재의 지식을 잘 알고 전
달해야 한다. 그리고 부자가 되기 위해서는 미래의 지식이 필요하
다. 앞으로 어떤 품목이 잘 팔릴지, 어떤 주식이 얼마나 오를지, 어
디 부동산이 잘 나갈지를 알아야 한다. 과거 몇 십 년 동안 주식의
움직임을 아무리 꿰뚫고 있더라도 미래의 주식에 대한 예측을 잘하
지 못하면 수익을 얻을 수 없다. 학자나 교수들이 아는 게 아주 많은
데 부자가 되지 못하는 이유는 이런 차이 때문이다. 과거, 현재의 지
식은 부자가 되는 것과 관련이 없다. 부자가 되기 위해서는 미래의

지식이 필요하다.

미래, 앞으로의 시간은 4차원의 영역이다. 우리 인간이 미래를 알아내는 것은 불가능하다. 하지만 현대 과학은 최대한 미래를 예측하기 위해 다양한 방법을 만들어냈다. 이 미래예측 방법들의 정확도가 높은 것은 아니다. 미래를 제대로 예측하지는 못한다. 그래도 전혀 미래를 예측하지 않는 것보다, 주먹구구식으로라도 미래를 예측하는 게 낫다.

미래예측 방법은 크게 계량적 방법과 질적 방법이 있다. 계량적 방법은 과거의 수치를 기반으로 미래를 예측하는 것이다. 과거에 축적된 수치가 있을 때 이를 기반으로 미래를 예측한다. 계량적 방법은 다시 크게 2가지 방법으로 구분된다. 시계열 분석 방법과 회귀모델 방법이다.

시계열 분석이라고 하면 무언가 있어 보이지만 내용은 간단하다. 과거의 추세가 앞으로도 계속될 것으로 보는 게 시계열 분석이다. 지난 기간 계속해서 하락했으면 앞으로도 하락할 것으로 본다. 지난 기간 계속해서 상승했으면 앞으로도 상승할 것으로 본다. 지난 기간 출렁이면서 움직여왔다면 앞으로도 출렁거리며 움직일 거로 예측한다. 주식투자법에서 말하는 기술적 분석, 차트 분석, 추세 분석, 추세추종 방법, 엘리어트 파동 이론(일정한 상승 파동과 하락 파동의 패턴을 분석하는 방법론) 등은 모두 이 미래예측 방법을 사용한다.

이런 시계열 분석 방법에 대한 가장 큰 비판은 이론적 근거가 없다는 것이다. 과학에서는, 과거에 그래왔으니 앞으로도 그럴 것이라는 이론은 제대로 된 설명으로 보지 않는다. 그래서 학자들은 이런 시계열 분석을 거의 무시한다.

대표적으로 '과거에 그랬다고 앞으로도 그럴 것이라 말할 수 없다'는 주장이 있다. 지난 20년간 미국 주식이 올랐다고 앞으로 미국 주식이 오른다고 보장할 수 없다. 마찬가지로 지난 몇십 년간 삼성전자 주가가 크게 올랐다고 앞으로도 오른다고 확언할 수 없다. 한국 투자 시장이 과거 '부동산 불패'였다고 하더라도 앞으로도 그럴 것이라 단언할 수 없다.

이런 과학적인 무시와 별개로, 시계열 분석은 실제 미래예측에서 가장 많이 사용되는 방법이다. 위와 같은 비판에도 이 방법이 미래예측에서 가장 많이 사용되는 이유는 간단하다. 다른 계량적 방법인 회귀모델이나 질적 분석보다는 예측력이 더 낫기 때문이다. 시계열 분석은 추세가 바뀌는 순간에 예측이 틀린다. 그런데 추세가 바뀌는 순간은 그렇게 많지 않다. 추세가 변하는 몇몇 기간에는 분명 예측이 틀리지만, 이외의 보통 기간에는 그래도 적정한 예측력을 보여준다. 다른 방법보다는 차라리 시계열 분석이 낫다는 것이다.

회귀모델은 과거 추세가 나타나게 된 원인이 무엇인가를 파악하고 그 원인이 앞으로 어떻게 변할지를 예측해서 미래 추세를 파악하고자 하는 이론이다. 어떤 학생의 시험 점수가 50점, 60점, 70점, 80점으로 나타났다면, 시계열 분석에서는 다음 시험에서는 90점을 받을 것이라고 예측한다. 그런데 회귀모델에서는 이 학생의 시험 점수가 왜 이렇게 나오는지 그 원인을 분석한다. 하루 공부 시간이 5시간이었을 때 50점, 6시간이었을 때 60점, 7시간이었을 때 70점, 8시간이었을 때 80점이 나왔다면, 이 공부 시간이 시험 점수의 원인이라고 파악한다. 그리고 다음 시험에서 이 학생의 공부 시간을 측정하면 시험 점수를 예측할 수 있다. 다음 시험에서 이 학생이 하루 9시간 공부하면 90점이 나올 것이고, 하루 6시간 공부하면 60점이 나올 것으로 추정하는 방식이다.

이는 원인을 파악하고 결과를 예측하는 것이기에 과학적이다. 그래서 학자들은 이런 방식을 선호한다. 사실 사회과학 논문들은 예측으로 대부분 이런 방법을 사용한다. 그런데 문제가 있다. 이 방법을 사용하려면 그 원인이 앞으로 어떻게 변할 것인지를 예측해야 한다. 앞에서 본 학생의 시험 점수라면, 이 학생의 다음 공부 시간을 예측해야 한다. 그럼 그 원인 변수인 공부 시간은 어떻게 예측할 것인가? 이걸 알려면 공부 시간을 결정하는 원인이 무엇인가를 또 알아내야 한다. 친구관계가 이 학생의 공부 시간을 결정하는 원인인 것으로 파악되면, 그 친구관계는 또 앞으로 어떻게 변할 것인지를 예측해야 한다. 이런 과정을 계속하다보면 결국 미래예측의 정확도는 크게 떨어지게 된다. 회귀모델이 과학적이기는 하지만, 실제 미래예측에서 시계열 방식보다 활용도가 떨어지는 이유이다.

질적 방법은 전문가에게 의견을 구하는 것이다. 해당 분야 전문가에게 그 분야가 앞으로 어떻게 될 것인가를 질문하고, 취합된 답변을 기반으로 미래를 예측한다. 주식전문가의 의견으로 앞으로 주식이 어떻게 될 것인가를 예측하고, 부동산전문가의 의견으로 부동산시장을 예측한다. 언론, 방송에서 말하는 미래예측은 거의 대부분 이런 전문가 의견이다.

전문가의 의견을 취합하는 질적 방법이 정확도가 높다면 이게 가장 활용하기 쉽다. 그런데 이 질적 방법은 앞의 계량적 방법, 시계열 분석 방법이나 회귀모델 방법보다 정확성이 떨어진다. 그래서 학문 분야에서 질적 방법은 시계열 분석, 회귀모델 방법을 적용할 수 없을 때 어쩔 수 없이 사용하는 방법이다. 시계열 분석 방법, 회귀모델 방법은 과거에 축적된 자료가 있을 때만 사용할 수 있다. 과거에 축적된 자료가 없을 땐 차선책으로 질적 방법을 사용한다.

정확히 미래를 예측하는 것은 불가능하다. 그래도 인간이 미래예측을 할 수 있는 방법 중 가장 좋은 것은 과거 자료의 추세를 기반으로 하는 것이다. 그다음은 과거 현상의 원인을 파악해서 그 원인이 어떻게 변하느냐를 기반으로 미래예측을 하는 것이다. 마지막으로 해당 분야 전문가의 의견을 듣는 것이다.

미래예측 방법으로 이런 것들이 있다는 것을, 그리고 이 방법들 사이의 우열을 분명하게 인식하고 있자. 방송에서 이런저런 말을 하는 전문가의 의견을 듣고 과거 수치 자료를 무시하는 것은 바보 같은 짓이다. 원인이 무엇인지 탐색해서 미래를 예측하는 것이 더 똑똑해 보이기는 하지만, 그게 그냥 과거에 그랬으니 앞으로도 그럴 것이다, 라는 주장보다 더 나은 분석은 아니다.

미래예측의 이런 특성을 알면, 주식시장, 부동산시장을 예측하는 수많은 언급에 대해 보다 비판적으로 받아들일 수 있을 것이다.

주식전문가의 말을 믿고 따라야 할까 - 본인-대리인 이론

롤스로이스를 타는 사람이 지하철 타는 사람에게 조언을 구하는 곳은 월스트리트밖에 없다. 이미 큰돈을 번 현명한 사업가가 자신이 남들에게 해 주는 조언조차 직접 실천하지 못하는 주식 중개인에게 왜 자문을 구하는 것일까?

– 워런 버핏

경제학에서 시장실패를 설명하는 이론 중 하나로, 본인-대리인 이론principal-agent theory이라는 것이 있다. 본인은 자기 이익을 위해 대리인을 고용한다. 원칙적으로 대리인은 자기를 고용한 본인을 위해 일해야 한다. 하지만 대리인은 본인의 이익이 아니라 대리인 자기 자신의 이익을 추구한다.

주주는 자기를 대신해서 회사를 운영할 CEO를 임명한다. 이때 주주는 본인이고, CEO는 대리인이다. 주주는 회사의 이익이 증진되어서 주가가 오르고 배당금이 증가하기를 원한다. 이것을 해달라고 CEO를 고용한다. 그런데 CEO가 바라는 것은 무엇일까? 사람들은 어떤 회사가 좋은가를 판단할 때 이익의 규모로 판단하지 않는다. 그 대신 매출 규모, 그러니까 회사의 규모가 어떤지에 따라 그 회사가 좋은지 나쁜지를 판단하는 경향이 있다. 중소기업에서 이익을 많이 내는 CEO보다 실적은 좋지 않더라도 대기업에서 CEO를 하는 사람이 더 능력 있는 것으로 인식한다. 그래서 CEO는 매출을 늘리고 더욱 큰 규모의 회사를 만들고자 하는 동기를 가진다.

국민은 자신들을 위해 일해 달라고 국회의원을 뽑는다. 국민이 본인이고, 국회의원은 대리인이다. 그런데 국회의원의 목적은 국민이 더 잘살게 하는 게 아니다. 다음 선거에서 또 당선되는 것이 목적이다. 국회의원은 국민 전체, 국가 전체를 위해 일하는 것이 아니라 다음에 자신이 또다시 공천받고 당선되기 위해서 일한다. 국민 전체가 아니라 일부 국민의 지지를 받아서 당선될 수 있다고 하면 국민 전체에 대한 의무는 언제든 저버린다. 대리인은 자기 이익을 위해서 일한다. 자기를 고용한 본인을 위해 일하지 않는다. 설사 본인을 위한다 해도 어디까지나 대리인인 자기 이익에 도움이 되는 경우만이다. 대리인 자신의 이익을 희생시키면서까지 본인의 이익을 위해 일하지는 않는다.

본인과 대리인의 이해관계 차이는 시장실패를 발생시킨다. 그래서 본인은 절대 대리인에게 완전한 재량을 주어서는 안 된다. 대리인이 제대로 일하는지 확인해야 하고, 대리인이 하는 말과 행동을 그대로 믿어서는 안 된다. 본인-대리인 관계에서는 이런 감시 비용이 추가적으로 발생한다는 것이 경제학의 주장이다.

시중에 존재하는 많은 투자자문가, 부동산 중개인은 모두 이런 대리인이다. 우리는 부자가 되기를 원한다. 부자가 되는 데 도움을 얻기 위해서 투자자문가, 중개인에게 자문을 구하고 도움을 받는다. 그런데 이들의 목적은 우리를 부자로 만들어주는 것이 아니다. 자기들 나름대로의 목적이 있다.

부동산 중개인의 목적은 우리가 좋은 집을 싸게 사도록 하는 게 아니다. 부동산 계약을 성사시키는 것이 목적이다. 조금 나쁜 집이라도, 조금 비싸더라도 어쨌든 부동산 계약을 하도록 하는 것이 주된 목적이다. 그래서 부동산에 대해 좋은 말만 하고 기대를 심어주려고만 한다.

이들을 사기꾼이라고 비난해서는 곤란하다. 이들은 자기 자신의 목적에 맞게 충실히 자기 일을 하고 있을 뿐이다. 본인-대리인 관계에서 대리인이 일탈할 때 그것은 대리인이 나쁜 사람이어서가 아니다. 원래 그런 것이다. 대리인의 일탈을 막으려면 본인이 스스로 노력을 해야 한다.

따라서 중개인을 어떻게 활용하고 이용할 것인지, 중개인의 말을 어디까지 받아들이고 판단할 것인지는 우리 자신에게 달려 있다. 중개인의 정보에는 그런 한계가 있다는 것을 알고, 스스로 정보를 거르고 판단해야 한다.

본인-대리인 문제가 가장 많이 발생하는 분야 중 하나가 주식투자와 관련해서다. 대부분의 사람이 주식투자에 대한 정보를 어디에서 얻고 있는가? 대체로 펀드매니저, 애널리스트, 투자회사에서 일하는 사람들에게서 정보를 얻는다. 시중에는 주식에 관한 책이 무수하게 출간되어 있고, 관련 유튜브 등도 많다. 이들 대부분이 애널리스트, 펀드매니저, 투자회사 임직원 출신이다.

펀드매니저, 애널리스트는 분명 최고의 주식전문가들이다. 이들은 방송에서, 유튜브에서, 책에서, 블로그에서, 어떤 주식이 좋고 어떻게 투자해야 한다는 이야기를 한다. 대다수 사람은 이런 훌륭한 전문가들의 말을 따라서 주식을 사고 투자를 한다. 최고 전문가의 말이니 신뢰가 간다. 특히 좋은 수익률을 올리는 펀드매니저, 오랫동안 경험을 쌓은 애널리스트의 말은 더 신뢰가 간다. 투자업계는 굉장히 경쟁이 심하다. 이 세계에서 좋은 실적을 내고 오랫동안 살아남았다는 것은 이들이 무척 실력 있는 사람들이라는 것을 방증한다. 이런 펀드매니저, 애널리스트들이 책을 내면 쉽게 경제경영 분야 베스트셀러가 되곤 한다.

그렇지만 분명히 말할 수 있다. 이들의 말만 듣고 투자를 하면 안 된다. 참고 삼아 들을 수는 있다. 하지만 이들이 말하는 투자 방법을 그대로 따라 하는 것은 곤란하다. 펀드매니저, 애널리스트는 분명 최고의 주식전문가들이다. 그런데 막상 이들의 충고는 일반인이 주식으로 부자가 되는 데 별 도움이 되지 않는다. 그 이유는 펀드매니저, 애널리스트의 목적과 일반 주식투자자의 목적이 서로 다르기 때문이다.

주식투자를 하는 사람들의 목적은 주로 부자가 되는 것이다. 용돈을 조금 버는 것이 목적인 사람도 있고, 재미로 하는 사람도 있기는 하다. 하지만 많은 사람이 주식투자를 통해 부자가 되기를 원한다. 부자는 아니더라도 어쨌든 월급을 받아서만은 얻기 힘든 큰돈을 벌기를 원한다.

그런데 펀드매니저, 애널리스트들의 목적은 부자가 되는 것이 아니다. 큰돈을 버는 것도 아니다. 펀드매니저가 큰돈을 굴리기는 한다. 하지만 이 큰돈으로 훨씬 큰돈을 버는 것이 이들의 목적이 아니다. 이들의 목적은 시장 금리보다 좀 더 높은 수익을 얻는 것이다. 전체 주가지수의 상승률보다 조금 더 높은 수익률을 얻는 것, 그리고 다른 펀드매니저보다 조금이라도 더 높은 수익률을 올리는 것, 그것이 목표다.

시장 금리가 2~3% 정도라면, 5% 정도의 수익률만 올리면 괜찮은 펀드매니저가 된다. 7% 이상 수익률을 올리면 훌륭한 펀드매니저가 된다. 10% 이상의 수익률을 올리면 최고의 펀드매니저가 된다. 더 높은 수익률을 올리면 더 좋기는 하다. 그런데 높은 수익률을 추구하면 그만큼 위험도도 높아진다. 펀드매니저는 수익을 올리지 못하고 적자를 내면 해고된다. 시장 수익률만큼의 수익을 내지 못해도 해고된다. 펀드매니저가 높은 수익률을 올리려고 높은 리스크를 감수했다가는 언제 해고될지 모른다. 그래서 펀드매니저는 안정적으로 시장 이자율보다 조금 더 높은 수익률을 올리는 것을 목적으로 한다. 애널리스트는 이런 펀드매니저를 대상으로 안정적인 수익이 나올 수 있는 종목을 발굴하고 추천한다. 애널리스트는 큰 수익을 낼 수 있는 종목을 찾는 것이 아니다. 펀드매니저가 살 수 있는 종목을 찾는다.

이들은 자신들의 투자 방법, 투자 지식을 전파한다. 그런데 그건 어디까지나 시장 이자율보다 조금 더 나은 수익을 목적으로 하는 투자 방식이다. 이들이 주로 추천하는 방법은 ETF에 투자하기, 투자전문가에게 위임하기, 펀드 가입하기, 초우량주에만 투자하기 등이 대표적이다. 그것을 우리가 따라 하면 시장 이자율보다 높은 수익은 얻을 수 있을 것이다. 하지만 부자는 되지 못한다.

본인인 우리는 부자가 되기를 원한다. 그런데 이들 대리인은 부자가 되기보다는 시장 이자율보다 조금 더 높은 수익만 추구할 뿐이다. 그래서 이들에게 기대지 말고 부자가 되는 법을 스스로 찾아야 한다. 아니면 최소한 투자전문가 말고 실제 부자에게 자문하고 도움을 얻어야 한다. 본인-대리인 이론에서는 대리인을 그냥 믿기만 하면 본인에게 오히려 손해가 된다고 주장한다.

해자를 두른 기업,
독점 기업에 투자하라?

가장 매력적인 산업은 두말 할 것도 없이 '진입장벽이 높고 철수장벽이 낮은 산업', 즉 진입하기는 힘들고 철수하기는 쉬운 산업이다. 진입장벽이 높아도 정부 규제 등으로 철수하기 어려운 산업이라면 매력도가 떨어진다. 최악의 산업은 '진입장벽이 낮고 철수장벽이 높은 산업', 즉 진입하기는 쉽지만 철수하기는 힘든 산업이다.

– 우치다 마나부, 『실전에 강한 MBA 경영전략』(원앤원북스, 2008) 중에서

세계적인 투자자 워런 버핏의 투자 원칙 중 하나는, '해자를 두른 기업에 투자하라'다. 해자는 성 주위에 만든 호수다. 해자가 있는 성은 공격하기가 쉽지 않다. 다른 기업들에게 공격받지 않는 기업에 투자하라는 말이다.

다른 기업에 공격을 받지 않는 기업은 독점 기업이다. 경제학에서는 시장을 크게 독점시장, 과점시장, 경쟁시장으로 구분한다. 독점은 하나의 기업이 시장을 지배하는 경우다. 시장에 단지 한 개 기업만 존재한다. 강원랜드는 한국에 하나밖에 없는 국내인이 이용 가능한 카지노다. 이런 경우가 독점이다.

과점은 두 개 이상의 소수 기업이 시장을 지배하는 경우다. 한국에서 통신 서비스는 KT, SK텔레콤, LG 3개 사만 하고 있다. 3개 기업의 과점 시장이다.

경쟁 시장은 많은 기업이 시장에 뛰어들어 서로 경쟁하는 경우다. 치킨, 편의점 등이 대표적인 경쟁 시장 업종이다.

이 중에서 가장 이익이 큰 것은 독점 기업이다. 경쟁자가 없어서 가격 경쟁이 일어나지 않는다. 독점 기업은 자기에게 이익이 가장 많은 가격을 설정할 수 있고, 따라서 시장에서 얻을 수 있는 적정 이익보다 큰 초과 이익을 얻을 수 있다.

독점 기업의 존재는 시장 경쟁에 좋지 않다는 비판도 많지만, 사업자들은 모두 독점 기업이 되기를 원한다. 시장에서 다른 기업들과 경쟁하는 것은 아주 어려운 일이다. 독점 기업이 되면 다른 기업을 신경 쓰지 않으면서 수익을 얻을 수 있다. 독점은 아니더라도 최소한 과점 상태만 되어도 상대적으로 쉽게 기업 활동을 할 수 있다. 경제법은 독과점을 규제하지만, 기업은 모두 자기가 독과점 기업이 되는 것을 추구한다.

투자 이익이 큰 기업도 독점 기업이다. 독점 기업은 웬만한 시장 변동이 발생하지 않는 한 계속 흑자 경영을 한다. 다른 경쟁 기업이 나타나 시장지배적 위치를 잃지 않을까 걱정할 필요도 없다. 독점 기업은 지속적으로 초과 이익을 얻고, 따라서 안정적인 투자 수익을 챙길 수 있다. 경쟁 시장에서는 어느 한 기업이 시장지배적 위치를 차지했다 하더라도 5년 후, 10년 후에는 경쟁자에게 그 자리를 넘겨줄 가능성이 크다. 하지만 독점 기업은 5년, 10년이 지나도 계속해서 시장지배적 지위를 차지한다. 투자 대상으로서 최고 기업은 독점 기업이다. 버핏이 해자를 두른 기업에 투자하라고 한 것은 분명 맞는 이야기다.

독점, 최소한 독과점으로 시장지배력을 가진 대표적 기업이 코카콜라다. 버핏이 좋아해서 수십 년간 주식을 보유하고 있는 기업이다. 최근 대표적인 독과점 기업이면서 시장지배적 기업으로는 애플이 있다. 버핏의 포트폴리오 중 1위가 애플이다. 이외에 아멕스, 뱅크 오브 아메리카, 크래프트 하인즈 등이 버핏의 포트폴리오로 유명하다. 모두 미국에서 압도적인 시장지배력을 가지고 독과점적 지위를 가지고 있는 기업이다.

한국 투자자 중에서도 '독점 기업을 사라'는 투자의 기본 방법을 따르는 사람들이 있다. 한국의 대표적인 독점 기업은 어디인가? 우선 강원랜드가 있다. 한국에서 카지노는 불법이다. 외국인이 드나들 수 있는 카지노만 있다. 유일하게 한국인이 출입할 수 있는 카지노는 강원랜드뿐이다. 강원랜드는 한국의 카지노 영역에서 독점 기업이다. 앞으로 경쟁 기업이 생길 가능성도 거의 없다.

한국전력도 독점이다. 한국에서 전력을 판매하는 회사는 한국전력뿐이다. 통신기업은 독점은 아니지만 3개 회사만 서비스를 제공하는 완벽한 과점이다. SK텔레콤은 이동통신에서 50% 정도의 점유율을 보유한 막강한 회사다. 휘발유, 경유를 판매하는 정유 회사도 과점이다. 이런 과점 분야에는 새로 진입하는 기업들이 없다. 과점 기업들은 경쟁의 부담 없이 쉽게 수익을 올릴 수 있다.

그런데 이상한 점이 있다. 강원랜드나 한국전력은 독점 기업이기는 하다. 그런데 주가는 오르지 않는다. 강원랜드 주가는 10년 전, 5년 전보다 오히려 떨어졌다. 완벽한 독점 기업인데 주가는 오르지 않는다. 한국전력은 2016년 이후 한국에서 대표적인 주가 폭락 기업이다. 2022년 현재 한국전력의 주가는 지난 10년 사이 최저가를 기록하고 있다. SK텔레콤 같은 통신 과점 기업도 주가가 오르지 않는 건 마찬가지다. 3~4만 원대에서 지난 10년간 왔다 갔다 하고 있다.

미국에서 독점 기업들은 계속 이익이 나고, 장기적으로 주가도 꾸준히 오르고 있다. 그런데 한국의 독점 기업은 왜 주가가 오르지 않을까? 해자를 두른 기업에 투자하라는 건 투자의 기본 상식에 속하는데, 한국에서는 왜 이런 상식이 통하지 않을까?

독점 기업이 무엇인지 다시 한번 살펴보자. 우리는 일반적으로 시장에 기업이 1개 있으면 독점 기업으로 생각한다. 그런데 경제학에서 독점 기업인지, 경쟁 기업인지를 구분하는 기준은 단순히 기업의 수가 아니다. 원래 경제학에서 독점-경쟁 여부를 결정짓는 기준은 가격 설정자인가, 가격 수용자인가의 문제다. 시장에서 가격을 자기가 정할 수 있으면 독점이다. 자기가 마음대로 정한다고 해서 무조건 높은 가격을 매기는 것은 아니다. 가격이 지나치게 높으면 사려는 사람이 적어지고, 판매가 되지 않아 총매출은 작아진다. 사려는 사람이 줄어들지 않는 한도 내에서 높은 가격을 매겨야 매출이 커지기 때문에, 독점 기업은 그 적정 가격이 어느 정도인가를 고민해야 한다. 어쨌든 상품의 판매 가격을 자기가 마음대로 정할 수 있으면 독점 기업이고, 시장에서 주어진 가격을 그대로 따라가면 경쟁 기업이다. 과점 기업은 자기가 맘대로 정할 수는 없지만, 그렇다고 시장에서 가격이 주어지지도 않는다. 몇몇 기업의 암묵적인 상호 합의로 가격이 정해지는 것이 과점 시장이다.

강원랜드는 기업이 1개라는 측면에서 보면 독점 기업이다. 그런데 가격 설정의 힘이 있느냐의 관점에서 보면 독점 기업이라 할 수 없다. 강원랜드는 상품의 가격을 자기 마음대로 정할 수 없다. 강원랜드에서 1회 베팅 한도는 10만 원, 특수한 경우에 30만 원으로 한정되어 있다. 정부의 베팅 액수 규제 때문이다. 또 사행산업에 부과되는 매출 총량제 규제를 받아 매출을 일정 수준 이상 올려서도 안 된다.

한국전력은 한국에서 유일하게 전력을 판매할 수 있는 독점 기업이라고 말했다. 그러나 전기요금은 한국전력이 스스로 정할 수 없다. 정부가 정한다. 한국전력의 이익과는 상관없이 국민의 부담, 물가상승률 등을 고려한 정부 지침으로 요금이 정해진다. 또 한국전력은 매출 증대, 이익 증대를 위해 사업을 하는 것도 아니다. 매출이나 이익과 상관없이 정부의 탈원전 정책, 재생에너지 정책 등에 따라 사업 범위와 방법이 달라진다.

통신서비스 요금, 휘발유 가격도 마찬가지다. 한국의 독과점 기업은 요금을 자기가 스스로 정할 수 없다. 명목상으로는 자기가 정한다고 해도 정부의 입김에서 자유롭지 못하다. 이런 요금들은 실질적으로 정부가 정한다. 가격 설정 능력이 있을 때 독과점 기업으로 본다는 경제적 관점에 의하면, 한국의 독과점 기업은 사실상 독과점이 아니다. 그래서 한국의 특정 기업이 독점 기업이라는 이유로, 과점 기업이라는 이유로 투자해서는 곤란하다. 독점이기는 한데 수익 극대화를 추구할 수 없는 독점이다.

버핏은 분명 해자를 두른 기업에 투자하라고 했다. 이런 기업이 높은 수익을 올릴 수 있다는 것은 경제학적으로는 분명하다. 그러나 이런 해외에서의 원칙과 경제 이론에 따라 한국에 그대로 투자하면 곤란하다. 이 원칙, 이론들은 미국 주식시장에는 맞는다. 하지만 한국 주식시장에는 아니다. 투자와 관련해서 듣고 배운 것들을 한국 시장에 적용하려면 그 원리들이 한국에도 맞는지에 대해 미리 살펴보는 것이 필요하다. 투자 원리를 한국에서 그대로 적용하면 곤란하다.

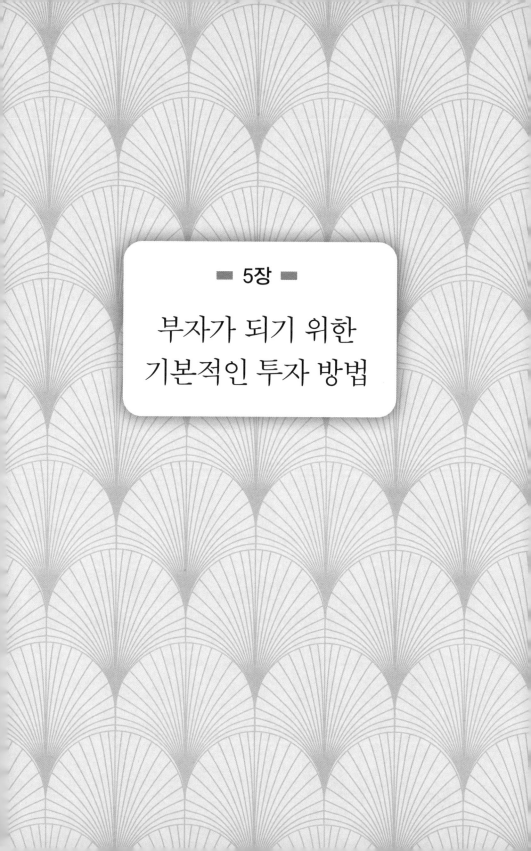

■ 5장 ■

부자가 되기 위한
기본적인 투자 방법

종목은 중요하지 않다 -
물고기 잡는법이 중요하다

물고기 잡는 방법을 가르치지 마라. 물고기를 잡고 싶어 미치도록 만
들어라.

- 김동진, 『이기는 습관2』(쌤앤파커스, 2009) 중에서

탈무드에 나오는 유명한 말이 있다.

'물고기를 주면 하루를 살 수 있지만, 물고기 잡는 법을 가르치면
평생을 살 수 있다'

말 그대로 물고기를 주면 안 된다. 물고기 잡는 방법을 가르쳐야
한다. 지금 당장 배고픔에서 벗어나기 위해서는 물고기만 있으면 된
다. 하지만 부자가 되기 위해서는 물고기 잡는 방법이 필요하다. 주
식투자를 하는 대부분의 사람들은 이른바 고수라는 사람을 만나면
이런 것을 물어본다.

"어떤 종목이 좋아?"

"좋은 종목 하나 추천해줘봐."

부동산 투자를 하는 사람들도 이런 식으로 묻는다.

"아파트가 좋을까, 빌라가 좋을까?"

"뭘 하나 사놓으려고 하는데 상가가 좋을까, 오피스텔이 좋
을까?"

투자에서 가장 일반적인 오해가 투자 종목이 중요하다는 생각이다. 종목을 잘 고르면 투자 수익을 올릴 수 있는 것으로 생각한다. 그래서 어떤 종목이 좋은지 찾고, 또 주변 사람들에게 묻는다. 투자 정보지를 볼 때도 어떤 종목을 추천하는지 중점적으로 본다.

그러고는 10년 전에 삼성전자를 샀으면 지금 큰돈을 벌었을 텐데, 10년 전에 넷플릭스 주식을 샀으면 지금 큰 수익을 냈을 텐데 하고 생각한다. 그리고 지금부터라도 삼성전자, 넷플릭스 같은 좋은 주식을 고르면 나중에 큰 수익을 올릴 수 있을 것으로 생각한다. 그러나 분명히 말할 수 있다. 투자에서 수익을 내는 데 종목 선정은 아무 상관이 없다. 좋은 종목을 고르는 것과 투자 수익을 내는 것과는 아무 관계가 없다.

종목을 고르는 것이 투자 수익과 상관없는 첫 번째 이유는, 수익은 자기가 산 가격보다 높은 가격에 팔 때 생기는 것이지 좋은 종목을 골랐다고 돈이 따라오는 것이 아니기 때문이다.

지난 3년간 삼성전자 주가 그래프를 보자.

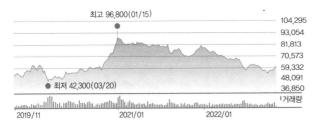

〈표〉 최근 3년간 삼성전자 주가

삼성전자는 지난 3년간 50%가 넘게 올랐다. 그러나 3년 전 삼성전자를 샀다고 해서 모두가 수익을 올릴 수 있었던 것은 아니다. 3년 전 가격인 48,000원에 샀어도, 몇 개월 가지고 있다가

43,000원에 팔았으면 손실이다. 계속 삼성전자를 가지고 있다 하더라도 1년 정도 가지고 있다가 팔았으면 거의 본전이다. 2021년 1월 삼성전자를 산 사람은 96,000원에 샀을 것이고, 이 사람들은 아직까지 손실을 보고 있다. 삼성전자가 3년 사이에 50% 넘게 오른 건 맞다. 그런데 그사이 삼성전자를 산 사람들은 그 정도의 수익을 올렸을까? 삼성전자 주식은 올랐지만 수익을 낸 사람은 많지 않다.

앞으로 오를 종목이 무엇인지를 판단하는 것과 실제 수익을 올리는 것과는 완전히 다른 이야기다. 정말로 중요한 것은 언제 주식을 사고 언제 팔아야 하는가다. 아무리 좋은 종목을 잘 골랐어도 비쌀 때 사서 쌀 때 팔면 손해를 본다. 아무리 안 좋은 주식이라도 쌀 때 사서 비쌀 때 팔면 수익이 난다. 주식은 언제 사서 언제 팔아야 하는가를 알아야 한다. 어떤 종목을 사느냐는 상관없다.

주식에서 종목을 중요시하는 것은 어떤 고기를 잡는 것이 좋은지를 고르려는 낚시꾼과 같다. 도미를 잡는 것이 좋을까, 참치를 잡는 것이 좋을까, 갈치를 잡는 것이 좋을까를 정하려는 낚시꾼이다. 하지만 낚시에서 중요한 것은 어떤 생선을 잡을까가 아니라, 어떻게 잡을지를 아는 것이다. 미끼를 어떻게 사용하고, 언제 어디에서 낚싯대를 바다에 던지고, 물고기가 미끼를 물었을 때 어떻게 끌어올릴지 아는 게 중요하다. 잡는 방법을 알면 도미도 잡을 수 있고, 참치도 잡을 수 있고, 갈치도 잡을 수 있다. 하지만 아무리 도미, 참치, 갈치에 관해서 많이 알고 연구를 했더라도 낚시 방법을 모르면 아무것도 잡을 수 없다.

주식 종목을 연구하는 것은 도미가 좋은지, 참치가 좋은지, 갈치가 좋은지를 살피는 것이다. 물고기 종류를 아무리 열심히 공부해도 도미는 잡지 못한다. 낚시를 하려면 물고기를 연구하는 것이 아니라 낚시법을 연구해야 한다. 주식투자도 마찬가지다. 주식투자로 수익을 내려면 종목을 연구하는 것보다 수익을 내는 매매 기법을 알아야 한다. 물고기가 아니라 물고기 잡는 법을 알아야 한다.

물론 종목도 중요하기는 하다. 하지만 매매 기법이 더 우선이다. 언제 주식을 살 것인가, 그리고 언제 팔 것인가에 대한 기준을 먼저 배워야 한다. 그래야 실제로 수익을 낼 수 있다.

버핏은 코카콜라 주식을 샀기 때문에 부자가 된 것이 아니다. 코카콜라를 산 사람은 버핏 말고도 굉장히 많이 있다. 버핏이 부자가 된 것은 코카콜라 주식을 도중에 팔지 않고 오래 가지고 있었기 때문이다. '코카콜라'는 중요하지 않다. 언제 사고 언제 팔 것인가 하는 매매법이 더 중요하다.

부동산도 마찬가지다. 빌라가 좋고 오피스텔이 나쁜 게 아니다. 어떤 기준으로 빌라를 사고 팔아야 되는지, 오피스텔을 사고파는 기준이 무엇인지가 중요하다. 그 기준이 제대로 잡혀 있으면 수익을 얻는 것이고, 그 기준이 잡혀 있지 않고 기준이 있더라도 그걸 제대로 실천하지 못하면 수익을 내지 못한다.

사업도 마찬가지다. 음식점을 한다고 할 때 한식이 좋으냐 중국집이 좋으냐 커피점이 좋으냐 하는 종목은 중요하지 않다. 백종원은 고깃집으로도 성공하고 커피집으로도 성공하고 중국집으로도 성공했다. 음식이 중요한 게 아니라 어떤 시스템으로 음식점을 운영할 것인지, 그리고 사람들이 무얼 좋아하는지 알기 때문이다. 손님들이 무얼 좋아하느냐, 그리고 운영 시스템이 어떠한가 하는 지식이 중요한 것이지, 한식이냐 중국집이냐가 중요한 게 아니다. 운영 방법을 알면 한식이든 중국집이든 성공하는 것이고, 운영 방법을 모르면 한식이든 중국집이든 실패한다.

한 번 수익을 얻고 말 것이라면 투자 종목에 초점을 맞춰도 된다. 하지만 지속적인 수익을 얻기 위해서는, 그래서 부자가 되기 위해서는 투자 종목은 신경 쓸 필요 없다. 어떨 때 사고 어떨 때 팔 것인가 하는 매매 기법, 투자 기법에 초점을 맞춰야 한다. 자신이 정립한 투자 기준에 맞으면 다른 사람들이 '잡주'라고 피하는 주식이라도 사는 것이고, 그 기준에 맞지 않으면 설사 삼성전자, 애플이라 하더라도 사지 말아야 한다. 투자 종목에 신경을 쓰면 안 된다. 투자 기법에 신경을 써야 한다. 그게 투자로 부자가 될 수 있는 길이다.

피터 드러커 'know what not to do'- 하지 말아야 할 checklist

학교에서는 나보다 훨씬 똑똑한 친구들이 많았지. 하지만 그들보다 내가 더 많은 돈을 벌었어. 그 이유를 한 가지 들자면, 나는 기업가가 되었고 그들은 거대 기업에서 일하는 피고용자가 되었다는 거야. 이유를 하나 더 덧붙이자면, 그들은 저무는 산업에 종사하러 들어갔다는 것이야. 죽어가는 산업에 들어가서 일을 하고 있지.

– 도널드 트럼프

'현대 경영학의 구루'였던 피터 드러커가 적시한 유명한 명언으로, '하지 말아야 할 것을 알아야 한다$^{\text{know what not to do}}$'라는 말이 있다. 드러커는 경영학자이자 기업 컨설턴트였다. 경영자들은 그에게 어떤 사업을 하면 좋을지, 조직 운영에서 새롭게 뭘 하면 좋을지를 계속 문의했다. 이때 드러커가 제시한 것은 '무엇을 할까'보다 '무엇을 하지 말아야 할까'를 더 우선시하라는 조언이었다. 해야 할 사업보다 하지 말아야 할 사업을 찾고, 뭔가 새로운 것을 하는 것보다 지금 하는 것 중에서 하지 말아야 할 것을 정하는 게 우선이다.

하지 말아야 할 것에 먼저 초점을 맞춰야 한다는 것은 경영뿐만이 아니라 사회 모든 분야에서도 마찬가지다. 우리가 자동차 운전에 관해서 아는 것을 생각해보자. 우리는 자동차 교통체제를 배울 때 먼저 하지 말아야 하는 것을 배운다. 유치원 때부터 빨간 신호등에서는 가지 않고 멈추기, 노란불에서는 멈춰서기를 배운다. 찻길로 가지 않기, 횡단보도가 없는 길 건너지 않기를 배우고, 안전벨트를 안 매면 안 된다고 배운다. 운전면허시험에서는 실기시험 전에 먼저 필기시험을 치른다. 필기시험을 준비하면서 주행선에서는 추월하면 안 된다, 규정 속도를 지켜야 한다, 주정차 지역 외에는 정차해서는 안 된다 등을 배운다. 지켜야 하는 안전수칙이 주요한 필기시험 문제이다. 이걸 다 배우고 나서 그다음에 운전하는 법을 배운다. 차를 앞으로 모는 법, 커브를 도는 법, 속도 내는 법을 배운다. 직접 차를 운전하는 것을 배울 때도 액셀러레이터를 밟는 것보다 브레이크 밟는 법을 먼저 배운다. 차를 멈추는 법을 알고 그다음에 차를 앞으로 보내는 법을 배운다. 차를 빠르게 모는 법을 배우는 것은 그다음이다.

공부도 마찬가지다. 학교에 가서 먼저 배우는 것은 결석하지 않기, 수업 시간에 떠들지 않기, 다른 학생들과 싸우지 않기 등이다. 공부는 그다음에 하는 것이고, 공부 잘하는 방법은 또 그다음 순서다. 즉, 우리가 제일 먼저 배우는 것은 하면 안 되는 것들이다. 그다음에 하는 법을 배우고, 그다음에 잘하는 법을 배운다.

투자도 하나의 실천적 분야인 만큼 안 되는 것들이 있다. 투자에서 하면 안 되는 것을 먼저 배우고, 그다음에 투자하는 법을 배우고, 그다음에 투자를 잘하는 방법을 익혀야 한다. 그런데 사람들이 투자를 배울 때는 이상하게 접근한다. 처음부터 투자하는 법, 그것도 잘하는 법을 찾으려 한다. 교통 시스템에 대해 아무것도 모르면서 포르쉐 자동차를 사서 시속 200km로 달리려고 하는 것과 같다. 교통 시스템에서 하면 안 되는 것을 모르는 상태에서 포르쉐 자동차를 시속 200km로 달리면 그 결과는 하나다. 사고가 난다. 그것도 간단한 접촉사고가 아니라, 차가 완전히 망가지거나 사람이 크게 다치는 대형 사고가 난다.

주식투자로 망하는 사람들을 주변에서 어렵지 않게 찾아볼 수 있다. 그 사람들의 공통적인 특징은 투자에서 하면 안 되는 것을 했기 때문이다. 투자에서 성공하기 위해 필요한 것을 제대로 하지 않았다고 망하지는 않는다. 투자에서 망하는 것은 하지 말아야 할 것을 했기 때문이다.

그런 면에서 현재 투자에 관해 말하는 책, 특히 주식투자에 관한 책들은 한계가 있다. 주식에 관해 말하는 수많은 유튜버도 한계가 있다. 여기서 제공하는 정보들은 모두 무엇을 하라는 식이다. 어떤 주식을 사라, 어떤 게 좋다, 어떻게 조사해라, 어디서 정보를 얻어라 등등이다. 주식투자를 하면서 하지 말아야 할 것은 잘 이야기하지 않는다. 도로에 다닐 때 가장 중요한 것이 빨간불일 때 가지 말라, 중앙선을 넘지 말라, 역주행하지 말라 등이듯, 투자 할 때는 먼저 하지 말아야 할 것을 완전히 알고 난 다음에 시작해야 한다.

학교를 졸업하면서 먼저 알아야 하는 것은 사회에서 잘사는 법이 아니다. 학교를 벗어난 후에 사회에서 망하지 않는 법을 알아야 한다. 사기당하지 않는 법, 마약을 구별하고 피할 수 있는 법 등을 먼저 배워야 한다. 특히 사기당하지 않는 법을 아는 것은 굉장히 중요하다. 부동산을 구입할 때 사기당하지 않는 법, 누가 돈을 빌려 가서 갚지 않을 때 대응 방법, 고용 사기나 투자 사기를 당하지 않는 법을 미리 가르쳐야 한다고 본다. 이런 일을 처음 경험하는 사람들은 이게 사기인지, 어디가 어떻게 문제가 있는지 잘 모른다. 그래서 쉽게 당한다. 학교에서는 사회에서 성공하는 법보다 이런 사기를 피하는 방법을 먼저 가르쳐주는 게 학생들 장래에 더 유익할 수 있다.

마찬가지로 투자를 잘하는 방법보다 망하지 않는 방법이 더욱 중요하다. 특히 사기를 당하지 않는 방법을 알아야 한다.

투자에서 사기를 당하지 않기 위해 확인해야 할 사항들을 살펴보자. 첫째, 확실한 미래 예측은 투자 세계에서 불가능하다는 점을 알아야 한다. 미래 예측이 불가능하기 때문에 100% 수익은 있을 수 없다. 따라서 100% 수익이 가능하다고 말하는 사람의 주장은 사기라고 보면 된다. 특히 100% 수익이 나니까 투자하라고, 그러니까 돈을 내놓으라고 말하는 사람은 사기를 치고 있다고 보면 된다. 그 대상이 무엇이든, 이런 곳에 돈을 집어넣어서는 안 된다.

둘째, 손실 없이 고수익이 가능하다는 것도 투자의 기본과 어긋난다. 투자의 기본은 수익과 안전성은 반비례한다는 점이다. 수익이 높으면 안전성이 떨어지고, 안전성이 높으면 수익이 떨어진다. 안전하면서 고수익이 가능하다는 투자 상품, 투자 권유는 사기로 봐야 한다.

연 20% 이상 고수익이 분명히 가능하다는 말도 사기다. 세계 최고의투자자 버핏의 수익률이 연 20%다. 그런데 몇 개월에 50%, 1년에 몇 배를 외치는 사람들이 상당히 많다. 물론 1년에 몇 배 수익이 가능하기는 하다. 하지만 하다보니 1년에 몇 배 수익이 생기는 것과 미리 1년에 몇 배 수익이 나올 거라고 주장하는 것은 다르다. 사실 연 10% 수익이 보장된다는 말도 믿어서는 안 된다. 그런 상품이나 투자 권유는 사기로 알고 피해야 한다.

이와 같이 개별적으로 투자할 때도, 어떤 경우에 투자한다는 것보다 이럴 때는 투자하지 않겠다는 기준이 더 중요하다. 주식을 사는 사람들은 매출이 늘어서, 이익이 증가해서, 아니면 앞으로 이익이 늘어날 것 같아서, 새로운 사업을 수주해서, 전문가가 추천해서, 그래프가 좋아서, 적자에서 벗어나서 등의 이유로 주식을 구입한다. 주식을 구입하는 나름의 기준이 있다. 그런데 이 기준보다 먼저 이런 주식은 사지 않는다는 기준을 먼저 정립하는 것이 필요하다.

적자인 기업은 사지 않는다, PER가 얼마 이상인 기업은 사지 않는다, 경영자가 부도덕한 경우는 사지 않는다, 특정 업종은 사지 않는다, 매출액 얼마 이하인 기업은 사지 않는다, 장기 추세선이 내려가는 종목은 사지 않는다 등등 다양한 기준이 가능하다. 이런 것들이 체크리스트로 만들어져야 한다.

이 체크리스트는 투자자 개인마다 모두 다르다. 투자 성향이 다르기 때문에 이 리스트도 다를수밖에 없다. 그리고 하지 말아야 할 것의 기준이 사고 싶다는 기준보다 늘 우선적으로 적용되어야 한다. 아무리 다른 사람들이 이 주식이 좋다, 대박이다 떠들어도, 하지 말아야 할 체크리스트에 포함되는 주식이라면 건드리지 않는 원칙이 필요하다.

투자를 하면 할수록 이 하지 말아야 할 체크리스트는 계속해서 증가할 것이다. 그리고 이 체크리스트를 지키기만 해도 큰 실패는 피할 수 있을 것이다. 투자는 실패하지만 않으면 수익이 나게 되어 있다. 수익을 내기 위해서는 하지 말아야 하는 것에 초점을 두어야 한다.

망하지 않는 투자법 - 포트폴리오 이론

골프 무대에서는 프로선수가 한 시즌에 20, 30번 출장해서 3, 4번만
이겨도 대단히 잘한 것으로 여겨진다.

– 잭 니콜라우스

투자에서 가장 중요한 것은 망하지 않는 것이다. 망하지 않기 위
한 첫 번째 방법은 부채 관리를 제대로 하는 것이다. 부채 관리에서
중요한 것은 평소를 기준으로 부채 관리를 하는 게 아니라, 금융위
기가 발생하리라는 것을 기준으로 부채 관리를 하는 것이다.

이 관점에서 가장 조심해야 할 것이 신용으로 주식투자를 하는
행위다. 증권회사에서 돈을 빌려서 신용매수로 주식투자를 하는 것
이 가장 위험하다. 평소에는 주식이 하루 만에, 며칠 만에 몇십%씩
떨어지거나 하지 않는다. 그래서 신용매수를 해도 큰 위험이 없다.
하지만 기본적으로 몇 년에 한 번은 금융위기에 가까운 사건이 터
진다. 시장 자체가 10%, 20% 하락하는 일이 분명히 발생한다. 시
장 전체가 10~20% 하락하면 개별 종목은 반타작 나는 경우가 수
두룩하게 나온다.

이때 신용거래를 하지 않는 사람은 그냥 돈을 잃을 뿐이고 망하
지는 않는다. 다시 시작할 수 있고, 얼마 지나지 않아 주가가 회복되
기도 한다. 그러나 신용거래를 하는 사람은 이런 위기 상황에서 그

냥 망한다. 다른 데서 빌린 경우는 내 사정이 어려우면 빚을 연기해 주기도 하고 사정을 봐주기도 한다. 하지만 증권회사에서 빌리는 신용거래는 그런 게 전혀 없다. 증거금이 부족하면 곧장 반대 매매에 들어간다. 시장이 폭락하는 상황에서 망하는 사람은 대부분 신용거래로 주식투자를 하는 사람들이다. 그리고 시장 폭락은 주기적으로 반드시 발생한다. 신용거래 위주로 투자하는 사람은 앞으로 몇 년 이내에 완전히 망할 확률이 아주 높다.

부채 관리 다음으로 투자에서 망하지 않기 위한 방법으로 중요한 것은 포트폴리오다. 포트폴리오 이론theory of portfolio selection은 해리 마코위츠Harry Markowitz라는 미국 경제학자가 제시한 이론이다. 마코위츠는 재무관리론에서 혁신적인 이론으로 인정받았으며, 이 포트폴리오 이론으로 1990년 노벨 경제학상을 받았다.

포트폴리오 이론은 수학적으로 복잡한 수식 형태를 띠지만, 그 개념과 발상은 그렇게 어렵지 않다. 아니, 오히려 무척 간단하다. 포트폴리오 이론은 '달걀을 한 바구니에 담지 말라'라는 한 구절로 요약할 수 있다. 달걀을 한 바구니에 담고 있다가 바구니를 넘어뜨리면 모든 달걀이 깨진다. 달걀을 여러 바구니에 나눠서 담고 있으면 한 바구니가 엎어진다 해도 타격이 크지 않다. 포트폴리오 이론은 어느 한 종목에 투자하지 말고 여러 종목에 분산하라는 것을 의미한다. 그러면 망하지 않는다. 어느 한 종목이 대폭락할 가능성은 항상 있지만, 모든 종목이 대폭락하는 경우는 없다. 아무리 금융위기 상황이라 해도, 모든 종목이 대폭락하지는 않는다. 여러 종목으로 분산투자를 하면, 손실을 보더라도 완전히 망하지는 않는다. 망하는 것을 피하기 위해서 포트폴리오 분산투자는 반드시 필요하다.

한 바구니에 모든 달걀을 담지 말라. 재무이론적으로 너무나 당연한 명제인데 막상 사람들은 이 기본적인 분산투자를 제대로 하지 않는다. 한국예탁결제원의 2020년 결산 자료를 보면, 우리나라 주식투자자의 33.8%는 단 한 개 종목만 가지고 있다. 무려 주식투자자의 1/3이 '몰빵' 투자를 한다. 3개 종목 이내를 보유하고 있는 투자자는 60%다. 투자가의 2/3가 3개 종목 이하를 가지고 있다.

포트폴리오 이론에서는 약 20개 종목은 보유해야 제대로 된 분산투자 효과를 누릴 수 있다고 본다. 어떤 사태가 발생하더라도 망하지 않으려면 이 정도 종목을 나눠서 보유해야 한다. 기관투자자라면 약 20개 종목이 기본이고, 기관투자자만큼 자본 규모가 크지 않은 개인투자자인 경우, 못해도 10개 종목 정도는 보유해야 한다. 2020년 기준 한국 투자자 중에서 10개 종목 이상을 보유하고 있는 사람은 12.8%였다. 망하지 않는 투자를 하는 사람은 12.8%뿐이라는 이야기다. 한국에서 주식투자로 망했다는 이야기가 많이 나오는 건 당연하다. 망하기 쉬운 신용거래를 많이 하고, 망하는 것을 피하기 위한 포트폴리오 분산투자는 하지 않는다. 그러니 경제위기, 금융위기 때마다 주식으로 망하는 사람들이 쏟아져 나온다.

포트폴리오 분산투자를 하지 않고 집중투자에 초점을 맞추는 것은 공감이 가기는 한다. 포트폴리오는 망하지 않기 위한 투자 방법이다. 망할 위험을 크게 줄여주는 건 좋은데, 수익률도 줄어든다. 결국 고수익을 추구하는 경우는 포트폴리오 분산투자가 맞지 않는다. 저위험을 추구하는 경우에 포트폴리오를 하게 된다. 한국의 많은 투자자가 포트폴리오를 하지 않는 것은 고수익을 추구해서일 것이다.

그런데 투자에서 중요한 건 고수익이 아니다. 망하지 않는 게 더 중요하다. 돈을 좀 잃더라도 계속 투자판에 붙어 있을 수 있어야 한다. 투자의 세계는 1회성이 아니다. 한 번의 기회를 놓쳐도 그다음 기회가 온다. 그 기회를 누리기 위해서는 일단 투자의 세계에 계속 있어야 한다. 가진 돈을 모두 잃어 더 이상 투자를 할 수 없게 되면 아무리 기회가 많아도 소용없다. 도박판, 카지노에서도 큰돈을 버는 것보다 투자한 돈을 전부 잃지 않는 게 더 중요하다. 큰 수익을 얻지 못하더라도 일단 망하지 않도록 하는 전략을 사용해야 한다. 그리고 포트폴리오 분산투자는 망하지 않기 위한 가장 좋은 투자 전략이다.

사실 포트폴리오 분산투자 이론은 그냥 여러 종목을 보유하라고 하지는 않는다. 예를 들어, 삼성전자와 다른 주식을 보유한다면 다음과 같은 조합이 나올 수 있다.

① 삼성전자 주식 + 삼성전자 주식과 동일하게 움직이는 주식
② 삼성전자 주식 + 삼성전자 주식과 아무 상관없는 주식
③ 삼성전자 주식 + 삼성전자 주식과 반대로 움직이는 주식

여기서 ①번 삼성전자 주식과 동일하게 움직이는 주식은 위험 회피에 별 도움이 안 된다. 삼성전자 주식이 떨어질 때 같이 떨어지기 때문에 위험이 동일하다. ②번은 삼성전자 주식이 떨어질 때 삼성주식 하락분만큼만 손실을 본다. 그리고 ③번의 경우에는 삼성전자 주식이 떨어져도 다른 주식은 오르기 때문에 손실이 가장 적다. 포트폴리오, 분산투자 입장에서 가장 좋은 것은 바로 ③번이다. 그런데 2~3종목만 가지고 있다면 ③번 포트폴리오를 만들 수 있는데, 그보다 많은 주식, 10개 종목을 가지고 있다면 ③번의 전략을 쓸 수

없다. 삼성전자와 나머지 9개 주식은 서로 반대로 움직이지만, 이 9개 주식은 같이 오르고 내리는 것이기 때문에 9개 주식 역시 ①번 구조다. 따라서 여러 종목으로 포트폴리오를 구성하려면 결국 ②번 형태로 가야 한다. 서로 상관관계가 적은 투자 상품들로 포트폴리오를 구성하는 것, 그것이 망하지 않기 위한 방법이 된다.

투자금이 적을 때는 주식 중에서 상관관계가 적은 종목을 선정해야 한다. 투자금이 커지면 그에 따라 투자 종목도 다변화 되어야 한다. 주식은 결국 주식시장의 전반적인 분위기에 따라 같이 움직이는 경향이 있다. 어느 정도 주식을 보유한 후에 서로 상관없이 움직이는 투자 상품을 찾으려면, 채권, 부동산 등으로 투자 대상이 확대된다. 부동산만 투자하고 있는 사람이라면 상가, 오피스텔, 아파트 등으로 다변화되고, 더욱 금액이 커지면 주식 등에도 관심을 가지게 된다.

어쨌든 포트폴리오 분산투자는 투자 세계에 있으면서 반드시 지켜야 하는 몇 안 되는 원칙 중 하나다. 고수익에 눈이 멀어 분산투자를 버리고 집중투자, 몰빵 투자를 하지는 말자. 투자의 세계는 돈을 버는 것보다 망하지 않는 것이 우선이다.

다른 사람과 다른 것을 하기 -
효율적 시장 가설

"비즈니스에서 남보다 앞설 수 있는 방법이 무엇일까요?"
"바이올린을 배우시오."
남과 다른 경험은 색다른 방식을 구할 수 있게 해준다.

－ 피터 드러커

경제학은 기본적으로 사람은 합리적이고 시장은 효율적이라고
본다. 경제학을 비판하는 사람들은 사람이 합리적이고 시장은 효율
적이라는 가정 자체가 잘못되었다고 본다. 비합리적인 사람이 합리
적인 사람보다 더 많고, 시장은 절대 효율적이지 않다. 하지만 경제
학자라고 해서 모든 사람이 정말로 합리적이라고 생각하는 것은 아
니다. 단지 합리적이라고 가정할 뿐이다. 그래야 뭔가 계획을 세울
수 있고, 미래를 예측하면서 행동할 수 있기 때문이다.

"나는 부산에 가고 싶어"라고 말하는 사람이 있다고 하자. 경제학
자는 이 사람이 합리적인 사람이라고 생각한다. 그래서 이 사람이
정말로 부산에 가고 싶어 하고, 부산에 가는 방법을 찾을 거라고 본
다. 부산에 갈 수 있는 방법으로 비행기, KTX, 고속버스, 자동차 등
의 수단을 제시하고, 각 방법에 어떤 장단점이 있는가를 연구해서
제시한다. 빨리 가고 싶다고 생각하는 사람에게는 비행기를 추천하
고, 낮은 가격에 가고 싶다고 생각하는 사람에게는 고속버스를 추천

한다. 사람이 합리적이고 효율적이라고 예상할 때 우리는 미래를 예측하고 그에 대한 대안을 제시할 수 있다.

그런데 이 사람이 비합리적이라고 가정하면 어떨까? 마음속으로는 제주도에 가고 싶다고 생각하면서 겉으로만 부산에 가고 싶다고 말할 수 있다. 부산에 간다고 말은 하지만 실제 고속버스 터미널에 도착해서는 순간적인 충동으로 속초로 갈 수도 있다. 그런 사람도 분명히 있다. 그런 사람이 더 멋있어 보이고 낭만적이고 더 인간적일 수도 있다. 하지만 그런 사람을 위해서 앞날을 위한 무언가를 열심히 계획할 수는 없다. 그런 사람을 위해 만드는 계획은 낭비일 뿐이다.

사람이 비합리적인 것은 맞다. 하지만 비합리적이라고 가정하면 뭔가를 준비하고 계획할 수 없다. 합리적이라고 생각해야 그에 맞춰서 정책이 나올 수 있다. 다른 학문과는 달리 경제학에서 합리성을 중시하는 이유다.

이런 발상으로 경제학에서는 주식시장 역시 합리적이라고 본다. 여기에서 나오는 주식시장에 대한 대표적인 경제 이론이 효율적 시장 가설^{efficient market hypothesis}이다.

사람이 모두 효율적이라면 어떤 기업의 이익이 올라간다는 정보가 있으면 모든 사람이 다 그 기업의 주가가 올라간다는 것을 알게 된다. 그러면 모든 사람이 그 주식을 사려고 하고 주식 가격은 상승한다. 그런데 이때 이 주식을 파는 사람이 있을까? 주식은 팔려는 사람과 사려는 사람이 동시에 있어야 거래가 된다. 그런데 모두가 주식이 오를 것이라고 예측한다면 주식을 팔려는 사람은 없다. 주식을 사고자 하는 사람은 많지만, 주식을 파는 사람은 없기 때문에 막상 주식을 사서 이익을 볼 수가 없다. 기존에 주식을 가지고 있는 사람만 이익을 볼 뿐이다. 즉, 기업의 이익이 올라간다는 정보를 얻어도 아무런 수익을 얻을 수 없다. 열심히 공부해서 기업 정보를 얻어도 소용없다는 뜻이다.

효율적 시장 가설은 주식시장에서 얻는 정보의 종류에 따라 다음과 같은 3가지로 나뉜다.

① **약형 효율적 시장 가설** : 과거의 정보는 주식 가격에 영향을 미칠 수 없다. 과거의 정보를 가지고 주식투자를 할 경우, 수익을 얻을 수 없다.

② **준강형 효율적 시장 가설** : 현재의 정보는 주식 가격에 영향을 미칠 수 없다. 현재의 정보를 가지고 주식투자를 할 경우, 수익을 얻을 수 없다.

③ **강형 효율적 시장 가설** : 공개되지 않은 정보, 미발표 정보는 주식 가격에 영향을 미칠 수 없다. 미공개 정보, 미발표 정보를 가지고 주식투자를 할 경우에도 수익을 얻을 수 없다.

① 약형 효율적 시장 가설은 현재까지 나와 있는 재무제표, 사업보고서, 시장 지표 등 모든 자료를 분석해서 정보를 구하는 경우다. 몇 년 전, 몇 달 전, 며칠 전 정보만이 아니라 1시간 전 정보도 과거 정보다. 인터넷에 뜨는 기사도 아무리 빨라도 몇 분은 지난 정보다. 이런 정보를 가지고 주식투자를 해도 시장에서 수익을 얻을 수는 없다. 주식투자를 하는 사람들 모두가 이미 다 알고 있는 정보이기 때문이다.

② 준강형 효율적 시장 가설은 현재 정보를 이용해도 수익을 얻을 수 없다고 본다. 여기서 현재 정보는 실시간 정보다. 기업이 이번 분기 수익이 얼마인가를 발표하는 순간, 그 발표를 듣자마자 주식을 사거나 팔려고 하는 경우다. 그러나 이런 경우에도 수익을 얻기 어렵다. 기업이 이익 정보를 발표할 때, 어느 한 개인에게만 발표하는 것이 아니라 공개적으로 한다. 모든 펀드매니저, 애널리스트 등이 지켜보는 와중에 발표가 이루어진다. 이익이 예상보다 높으면 발표하는 순간 이 기업의 주식이 없는 펀드매니저들이 바로 매수 주문을 한다. 하지만 이익을 발표하는 순간, 이 주식을 가지고 있는 펀드매니저들은 팔지 않고 계속 보유하기로 결정한다. 가격은 오르지만, 주식을 새로 사서 수익을 얻는 사람은 없다.

③ 강형 효율적 시장 가설은 미발표 정보를 이용해서 거래하는 경우다. 기업이 이익 정보를 발표할 때, 발표 이전에 그 정보를 알 수 있는 사람들이 있다. 우선 그 기업 내에서 회계 정보를 다루는 사람은 이번 분기 이익이 얼마인가를 알 수 있다. 재무제표를 감사하는 회계사도 안다. 재무 부서 사람들, 그리고 발표 전에 그 보고서에 서명하는 과장, 부장, 이사, 사장 등 결재라인에 있는 사람들도 내용을 안다. 하지만 이런 정보를 이용하더라도 이익을 볼 수 없다는 것이 강형 효율적 시장 가설이다.

효율적 시장 가설 이론에서는 약형 효율적 시장 가설, 준강형 효율적 시장 가설은 맞는다고 본다. 즉, 과거 정보나 현재 정보를 이용해서 주식거래를 하더라도 수익을 내기 어렵다. 하지만 강형 효율적 시장 가설은 틀렸다고 본다. 즉, 내부 정보, 미발표 정보를 이용해서 주식 거래를 하면 초과 수익을 얻을 수 있다.

효율적 시장 가설은 단순히 경제학적인 주식시장 이론이 아니다. 효율적 시장 가설은 우리가 진정으로 시장에서 수익을 얻기 위해 필요한 것이 무엇인지에 대한 커다란 시사점을 준다. 효율적 시장의 결론은 한마디로 요약될 수 있다. 다른 사람들이 다 하는 것을 하면 수익이 없다. 다른 사람들이 하지 않는 것을 했을 때 수익이 난다.

다른 사람들이 자료를 수집하고 분석할 때 나도 자료를 수집하고 분석하면 초과 수익이 없다. 다른 사람들이 모두 열심히 할 때 나도 똑같이 열심히 하면 초과 수익이 없다. 초과 수익은 다른 사람들이 하지 않는 것을 할 때 생긴다. 다른 사람들이 모두 책을 읽으며 공부할 때, 나는 유튜브를 통해서 공부하면 수익이 크다. 다른 사람들이 모두 유튜브를 통해 공부한다면 나는 책을 읽으면서 하면 된다. 다른 사람들이 모두 가치투자를 한다면, 나는 추세 분석을 통해 수익을 얻을 수 있다. 다른 사람들이 모두 주식 차트를 본다면, 나는 재무분석을 통해 수익을 얻을 수 있다. 다른 사람들이 열심히 안 하면, 나는 열심히 하면 된다. 다른 사람들이 모두 열심히 하면, 나는 오히려 그냥 쉬며 노는 게 경쟁력이 생긴다. 다른 사람들을 따라 하면 수익이 나지 않는다. 다른 사람들과 다르게 했을 때 수익이 생긴다.

부자가 될 수 있는 방법, 투자에서 성공하는 방법을 찾는다면 방법은 한 가지다. 대부분의 사람이 주로 하지 않는 것 하기. 효율적 시장 가설은 다른 사람들과 같은 일을 하면 고생은 고생대로 하면서 수익은 없다는 것을 분명히 이야기한다. 다른 사람들이 하지 않는 것 하기. 그것이 시장에서 초과 수익을 얻을 수 있는 유일한 방법이다.

경제위기에 대비하기 -
허스먼 민스키 금융 불안정성 가설

1929년 대공황은 전혀 충격적인 사건이 아니다. 그런 일은 20년 내지 30년마다 주기적으로 일어난다. 그것이 금융에 대한 인간 기억력의 최고치이기 때문이다. 그 정도면 일련의 얼간이들이 새로 등장하여 자신들이 새롭고 근사한 해법을 터득했다고 믿기에 딱 좋은 기간이다.

– 존 갤브레이스

투자하는 사람, 사업하는 사람이 가장 경계해야 하는 상황은 경제위기다. 1997년 IMF체제 하의 금융 · 경제위기, 2008년 세계금융위기, 2020년 코로나로 인한 경제위기 등을 생각해볼 수 있다. 이런 경제위기는 보통 10년 간격으로 발생한다. 그렇다고 10년 정도에 한 번이라고 생각해서는 곤란하다. 중간중간 조그만 경제위기가 발생한다. 이런 경제위기 때는 자산 가격이 급락한다. 주가는 폭락하고, 부동산, 채권 등 모든 자산이 폭락한다. 모두가 망할지 모른다는 위기감이 몰려온다.

투자자나 사업가들은 이렇게 정기적으로 발생하는 경제위기를 무사히 넘길 수 있어야 한다. 평소에 아무리 잘하고 돈을 잘 벌어도 이런 위기 상황을 제대로 넘기지 못하면 소용없다. 가진 돈을 모두 잃어버리고 망한다. 그래서 저자는 돈을 버는 방법보다 이런 경제위기 상황에서 망하지 않는 방법을 익히는 게 더 중요하다고 생각한다. 평소에 아무리 잘해도 소용없다. 몇 년에 한 번 발생하는 이런 경제위기를 제대로 넘기지 못하면 망하는 건 시간문제일 뿐이다.

그럼 경제위기는 왜 발생하는 것일까? 경제위기나 불황의 위기를 설명하는 이유로는 여러 가지가 있다. 케인스는 수요 부족이 불황의 원인이라고 했다. 사람들이 물건을 사지 않으면 상점과 공장에 물건이 쌓인다. 물건이 팔리지 않아 가게가 망하고 공장이 문을 닫는다. 공장이 문을 닫으면 실업자들이 생긴다. 즉, 물건 공급량은 많은데 물건을 사는 수요가 부족하기 때문에 불황이 발생한다. 이때 불황에서 벗어나기 위해서는 국민이 물건을 많이 사는 게 필요하다. 소비가 늘어나면 공장이 다시 돌아갈 수 있고 고용도 할 수 있다. 그래서 국민의 소비를 증진시키는 것이 주요 해결 방안이 된다.

투자가 감소하는 것도 불황의 원인이 된다. 투자가 계속해서 이루어져야 하는데 재고가 많으면 더 이상 투자하지 않는다. 투자를 하지 않으면 공장이 만들어지지 않고 건물이 들어서지 않는다. 결국 고용이 늘지 않고 소득 증가도 이루어지지 않는다. 이런 상태에서 벗어나기 위해서는 투자를 증대시켜야 한다. 그래서 정부는 불황일 때 이자율을 낮추어서 보다 많은 투자가 이루어지도록 한다. 민간에서 투자가 잘 이루어지지 않으면 정부가 직접 투자에 나서기도 한다.

총수요는 소비, 투자, 정부지출로 구성된다. 불황을 극복하기 위해서는 소비, 투자, 정부지출을 증대시켜야 한다고 본다. 소위 말하는 총수요 증대 정책이다. 이것이 전통적인 경제학에서 말하는 불황의 원인이고, 불황에 대한 대처 방안이다.

이런 논리에 따르면 정부가 잘하면 불황을 막을 수 있고, 또 불황이 발생하더라도 빨리 벗어날 수 있다. 불황이 왔을 때 정부가 지출을 늘리고 이자율을 낮추고, 투자를 확대하면 불황을 이겨낼 수 있다.

그런데 1997년, 2008년, 2020년 당시의 대규모 경제위기가 어땠는지 한번 돌이켜보자. 경제위기라고 떠들기는 했지만, 사실 자세히 제대로 살펴보면 경제위기가 아니라 금융위기였다. 물건이 잘 안 팔려서 기업이 망한다고 하면, 이건 기업의 위기이지 경제위기가 아니다. 재벌 그룹이 망해도 그 기업의 위기이지, 경제위기가 되지는 않는다. 경제위기는 기업의 위기가 아니라 금융위기다. 주가가 폭락하고, 부동산이 폭락하고, 금리가 오르는 사태를 우리는 경제위기라고 한다. 경제위기는 금융 쪽에서 발생한다.

이런 금융발 경제위기를 가장 잘 설명해주는 것이 하이먼 민스키Hyman Minsky의 불황 이론, 즉 금융 불안정성 가설financial instability hypothesis이다. 민스키는 불황의 원인이 총수요의 문제가 아니라 금융 시스템이라고 보았다. 자본주의 사회와 주식회사 시스템에서는 다른 사람의 돈을 차입해서 사업을 하는 것이 원칙이다. 큰 자금은 주로 금융기관에서 빌린다. 금융기관은 자기 금융기관에 저축된 돈으로 기업에 대출을 해주고 수수료를 받는다. 금융기관은 계속해서 대출을 해줘야 살아갈 수 있다.

금융기관은 처음에는 상대방이 돈을 갚을 수 있는가를 엄격하게 심사해서 돈을 빌려준다. 하지만 경기가 좋아지고 계속 성공적으로 대출이 이루어지면 점차 그 기준을 낮춘다. 처음에는 이익이 10% 이상인 회사에만 돈을 빌려주었다면 그다음에는 8%인 회사, 그다음에는 6%인 회사에도 대출을 해준다. 금융기관에서는 계속 대출을 독려하게 되는데 그러다보면 어느 순간 이익률이 낮은 산업에도 대출이 이루어지게 된다. 이때가 소위 버블^{bubble}이다. 버블은 수익, 이익이 나지 않는 산업에 지나치게 많은 돈이 투입될 때 나타나는 현상이다. 원래 가치에 비해 너무 많이 투자되고 돈이 많이 들어와 자산 가격이 높아진다.

결국 어느 순간, 대출 이자도 내기 힘들 정도로 수익이 낮은 산업에 대출이 이루어지게 된다. 하지만 이런 산업에 대출해주면 마침내 돈을 빌린 기업이 대출금을 갚지 못하는 사태가 발생한다. 대출금을 회수하지 못하면 금융기관은 비상이 걸린다. 다른 대출금을 회수해서 손실을 줄여야 한다. 그렇게 대출금 회수가 시작되면 이제 기업들이 어려워진다. 기업은 대출이 계속해서 연장될 것을 전제로 사업을 한다. 이때 갑자기 은행에서 대출금 회수에 나서면 돈을 갚기가 어렵다.

기업만이 아니라 일반 가계도 마찬가지다. 지금 보통 사람들은 아파트를 구입할 때 담보 대출을 한다. 이 대출금은 계속해서 계약이 연장된다. 만약 계약이 연장되지 않고 대출금을 갚으라고 하면 곤란해진다. 일반 가정에서 갑자기 몇 억 원을 갚기는 힘들다. 그럼에도 불구하고 은행에서 대출금을 갚으라고 하면 지금 살고 있는 집을 팔아서 갚을 수밖에 없다. 그런 식으로 집 매물이 나오기 시작하면 집 가격은 떨어진다. 주식도 그렇다. 대출받아 투자하고 있는데 대출을 갚으라고 하면 주식을 팔 수 밖에 없다. 이때는 현재 주가가 얼마냐에 관계없이 무조건 팔아야 한다. 많은 사람이 이렇게 주식을 팔면 주가는 폭락한다. 소위 말해서 버블이 붕괴되는 것이다.

이렇게 금융기관에서 대출금을 회수하기 시작하면서 버블이 붕괴되고, 대출금 회수가 계속 진행되면서 경기는 어려워진다. 대출금을 갚지 못해 망하는 기업들이 나오기 시작하고, 대출금을 돌려받지 못한 금융기관은 더욱더 대출금을 많이 회수하기 시작한다. 대출금을 갚지 못하는 기업들이 많이 생기면 결국 금융기관 자체가 파산하게 된다.

이런 민스키의 가설은 실제 발생하는 경제위기를 더욱 잘 설명한다. 그런데 문제는 민스키 가설에 의하면 자본주의 사회에서 공황이 발생하는 것은 필연적이라는 점이다. 기업이 은행으로부터 돈을 빌려서 사업하고 금융기관이 기업과 가계에 돈을 빌려주는 시스템 자체가 원인인 것이다. 그래서 민스키 가설에 의하면, 불황을 방지하고 극복하기 위해서 정부가 할 수 있는 일은 별로 없다. 불황이 오고 또 불황에서 벗어나는 것은 자본주의 경제체제 내에서 어쩔 수 없이 반복되는 일이다. 즉 불황, 경제위기, 금융위기는 자본주의 사회에서 살아가는 한 주기적으로 반드시 겪을 수밖에 없다는 뜻이다.

우리가 할 수 있는 일은 불황을 피해가는 것이 아니다. 불황은 계속 발생하고 우리는 그것을 피할 수 없다. 우리가 해야 할 일은 불황과 금융위기가 닥치더라도 망하지 않고 살아갈 수 있도록 준비하는 일이다. 그리고 이런 금융위기에서 살아남는 방법은 의외로 쉽다. 금융위기 때 기업과 개인이 망하는 이유는 부채가 많기 때문이다. 부채가 없는 기업이나 개인, 부채가 있다 하더라도 언제든 갚을 수 있는 정도의 부채라면 망하지 않는다. 하지만 은행에서 연장해주지 않았을 때 절대 부채를 갚을 수 없는 상황이라면 이런 금융위기를 넘길 수 없다.

중요한 건 부채를 많이 지지 않는 것이다. 언제가 되었든 은행이나 증권회사에서 부채를 갚으라고 해도 망하지 않고 버틸 수 있도록 자금 관리가 이루어져야 한다. 그다음에 돈을 더 벌 수 있는 방법을 찾아야 한다.

즉, 부자가 되기 위한 제1 조건은 주기적으로 발생하는 금융위기 때 망하지 않기라고 할 수 있다. 부채를 적게 유지하고 부채 관리를 제대로 하는 것. 이게 안 되면 아무리 돈을 많이 벌어도 소용없다. 10년 안에 모두 사라질 사상누각일 뿐이다.

경제 불황에서 수익 얻기 - 대공황 일기

모든 사람은 자신의 돈을 세 부분으로 나누도록 하라. 3분의 1은 토지에, 다른 3분의 1은 사업에 투자하고, 나머지는 준비금으로 보유토록 하라.

- 탈무드

자본주의 시장경제 사회에서는 주기적으로 불황이 닥친다. 한국에서는 1997년 IMF체제 금융위기, 2008년 세계금융위기, 2020년 코로나위기가 유명한데, 그전에도 계속 불황이 있었다. 당장 1979~80년도 역대급 불황이었고, 1987년도에도 주가 폭락 시기가 있었다.

경제학에서는 경기변동론으로 이런 주기적 불황을 이야기한다. 2~4년마다 불황이 찾아오는 키친순환Kitchen cycle, 10~11년마다 찾아오는 주글러 순환Juglar cycle, 40~60년 주기의 콘트라티예프 파동Kondratiev wave 등이 대표적이다. 앞에서 살펴본 민스크의 금융 불황론은 이런 주기가 왜 발생하는지, 그 원인에 대한 분석으로 유명한 이론이다.

이런 이론과 별개로, 우리의 실제 경험으로 보아도 10년 정도 간격으로 큰 경제위기가 발생하고, 중간에 4~5년 간격으로 작은 경제위기가 발생하는 것은 사실이다. 우리는 이런 경제위기가 앞으로 몇 년 이내에 발생하리란 것을 예상하고, 그에 맞추어 자산관리, 투자 활동을 해야 한다.

앞에서 이런 경제위기에서 망하지 않기 위해서 가장 중요한 것은 빚을 과다하게 지지 않는 것이라 했다. 지금 당장 경제 불황이 닥치더라도 빚을 갚지 못해 망하지 않을 수준의 빚만 가지고 있어야 한다. 빚이나 신용거래로 주식거래를 하면 경제위기가 닥쳤을 때 바로 망하지만, 빚 없이 투자하면 경제위기에서 망하지 않고 버틸 수 있다.

그런데 위기는 바로 기회이기도 하다. 투자자로서 경제위기 때 망하지 않는 것도 중요하지만, 경제위기는 큰 수익을 올릴 수 있는 절호의 기회이기도 하다. 경제위기가 발생하면 주가, 부동산이 폭락하는데 항상 적정 수준을 넘어 과도하게 폭락한다. 버블이 없어지는 것에 그치지 않고 적정 가치보다 훨씬 낮은 가격으로 떨어진다. 경제위기의 폭풍우가 지나면 이렇게 낮은 가격으로 떨어진 자산은 원래 가격을 되찾는다. 경제위기 전의 버블 가격으로 돌아가지는 않지만 적정 가격으로는 돌아간다. 그런데 처음에 자산 가격이 워낙 많이 떨어졌기 때문에 적정 가격으로 돌아간다 하더라도 대폭등이 된다. 이 기회를 잡으면 경제위기는 자산을 늘릴 수 있는 절호의 기회가 된다. 10년 정도에 한 번씩 오는 부자가 될 수 있는 절호의 찬스다.

한국에도 주식으로 크게 성공한 전설적인 투자자들이 있다. 주식으로 몇 백억 원을 벌었다고 하는 성공적인 투자자들이다. 그런데 그 투자자들이 언제 그렇게 큰돈을 벌었는가를 자세히 살펴보라. 대부분 1997년 IMF 때 큰돈을 벌었다. 1100이 넘던 종합주가지수가 200대까지 떨어지는 대폭락장에서 대량으로 주식을 산 사람들이다. 물론 이 사람들은 IMF 이전에도 이후에도 주식에서 수익을 얻었던 사람들이다. 하지만 연 10~20% 정도 얻는 수익률로 보통 사람들이 몇 백억 대 부자가 되는 건 불가능하다. 금융위기의 대폭락장에서 주식을 살 수 있었던 사람들이 크게 성공한 투자자가 되는 것이다.

그럼 많은 사람이 망해가는 금융위기의 시기에 어떻게 하면 주식을 살 수 있는 것일까? 주가 대폭락 시기를 절호의 기회로 바꾸기 위해서는 무엇이 필요할까?

『대공황 일기』The Great Depression: A Diary라는 책이 있다. 공황 중에서도 역사적으로 가장 강력한 공황은 1929년 미국에서 시작되어 세계로 파급된 공황이다. 그래서 그냥 공황이라고 하지 않고 '대공황'이라고 표현한다. 벤저민 로스Benjamin Roth라는 변호사가 이 당시 대공황을 직접 경험하면서 쓴 일기가 이 책『대공황 일기』다. 일기는 보통 자기에게 일어난 신변잡기를 적는 것이기에 사회·경제 상황은 그저 간접적으로만 드러나는 것이 일반적이다. 하지만 이때 로스는 대공황이 무엇인지 스스로 배우기 위한 목적으로 일기를 썼다. 변호사였던 그는 자기 삶을 그렇게 어렵게 하는 공황이라는 게 도대체 뭔지 알기 위해 경제학 공부를 시작했고, 그러면서 경제적 관점에서 일기를 썼다. 현재 이 일기는 사회가 아닌 개인 입장에서 대공황을 어떻게 보고 겪어나갔는가에 관한 중요한 자료가 되었다.

『대공황 일기』는 언제 어떤 은행들이 문을 닫았다, 주변의 사람들이 월세를 내지 못해 망해가고 있다, 변호사들이 일이 없어서 수입이 없다, 주가, 땅값이 얼마나 떨어졌다 등의 내용으로 점철되어 있다. 그런데 그중 자주 나오는 내용으로 다음과 같은 말이 있다.

주가가 엄청나게 떨어졌다. 절대 망하지 않을 것 같은 회사의 주가도 굉장히 낮아졌다. 이 주식을 사기만 하면 몇 년 이내에 크게 수익을 얻을 수 있을 것이다. 그런데 주식을 살 돈이 없다.

-주식이 굉장히 싸다. 이건 기회다. 지금 주식을 사면 큰 이익을 얻을 것이다. 많은 사람이 이 사실을 알고 있다. 그런데 그걸 알면서도 주식을 사지 못한다. 주식을 살 돈이 없다.

-지금 주식을 살 돈이 있는 사람은 큰돈을 벌 수 있다. 평소에 여유 현금이 있는 것이 얼마나 중요한 일인지 이제 알겠다.

미국의 주가지수는 1929년에 380이 넘었다. 대공황이 닥치자 1932년에 주가지수는 40대로 떨어졌다. 거의 90% 폭락이었다. 이 주가는 1933년에 100이 되었고, 이후 지속적으로 우상향한다. 1932년에 주식을 산 사람들은 1년 만에 2배, 우량주를 산 사람들은 몇 배의 수익을 냈다.

사람들은 이런 대폭락 시기에 주식을 산 사람들이 무척 선견지명이 있었던 것으로 생각한다. 한국은 IMF 시기, 2008년 금융위기 시기에 주가가 대폭락했는데, 이때 주식을 팔지 않고 오히려 산 사람들을 투자자로서 굉장한 감각을 가지고 있었던 것으로 평가한다. 그리고 주식에서 성공하려면 이럴 때 주식을 살 수 있는 지식과 감각, 독창성과 창의력을 갖추어야 한다고 생각한다.

그런데 『대공황 일기』가 말해주는 것은 이때 주식을 사기 위해 필요한 것은 훌륭한 투자 감각이 아니라는 점이다. 이 책에서 보듯이 당시 많은 사람은 주가가 지나치게 떨어졌다는 것을 알고 있었다. 지금 사면 분명히 큰돈을 벌 수 있다는 것을 주식에 관심 있는 많은 사람이 충분히 인지하고 있었다. 문제는 그걸 알고 있어도 주식을 살 돈이 없다는 것이었다. 이때 중요한 것은 주식이 앞으로 오를지 아닐지 판단하는 것이 아니었다. 주식을 살 돈이 있느냐, 없느냐였다. 기존에 주식투자를 하던 사람들은 이미 다 물려 있었다. 폭락한 주식을 가지고 있을 뿐, 더 살 돈은 없다. 사람들은 대공황으로 수입이 크게 줄어 당장 벌어 먹고 살기에 급급할 뿐이었다. 노다지가 깔려 있다는 걸 알고 있어도 그 노다지를 주울 돈이 없었던 것이다.

『대공황 일기』에서는 계속 현금의 중요성을 강조한다. 저축해놓은 돈만 있었더라면, 먹고사는데 써야 할 돈 외에 조금이라도 여유 자금이 있었더라면, 그러면 앞으로 몇 년 후에는 부자가 될 수 있을 텐데……

마찬가지 상황이다. 한국의 IMF 금융위기 시절, 국내 은행들의 주가가 몇백 원에 불과할 때, 그 주가가 지나치게 싸다는 걸 사람들이 정말로 몰랐을까? 주식에 전혀 관심 없는 사람은 몰랐을 것이다. 하지만 주식에 조금이라도 관심 있는 사람들이라면 그걸 모를 수가 없다. 문제는 그 싼 주식을 살 여유 자금이 없었다는 것이었다. 여유 자금이 있었던 사람, 아니면 어떻게든 돈을 끌어들일 수 있었던 사람들은 이 싼 주식을 사들였고, 결국 주식에서 큰 성공을 거두게 된다. 여유 자금이 없었던 사람들은? 이때가 절호의 기회라는 걸 알고 있으면서도 그 기회를 날릴 수밖에 없었다.

결국 중요한 것은 여유 자금이다. 투자에 대한 지식보다 더 중요한 게 여유 자금이다. 현금이 떨어지지 않도록 하는 여유 자금 관리 능력, 이게 투자에서 큰 성공을 얻기 위한, 궁극적으로 부자가 되기 위한 가장 중요한 자질이다.

위기 후에는 반등하는가? - 슈페터 창조적 파괴

한 나라의 국민들이 가지는 마음가짐이 경제 실적을 좌우한다. 한 나라의 경제 성장은 국민들이 위험을 어떻게 받아들이는가, 시장과 노동을 어떻게 생각하는가와 연관이 크다.

- 2008년 미국 주간지 뉴스위크 기사

앞에서 경제위기나 금융위기 때 자산 가격 폭락 이후가 투자에서는 최고의 기회라고 말했다. 이런 상황에서 투자를 계속할 수 있도록 미리 준비하고 대비하는 것이 투자 성공에서 가장 중요하다. 그런데 문제가 있다. 이런 폭락 이후에 정말로 반등하고 장기적으로 제자리를 찾아간다면 분명 자산시장의 폭락은 기회다. 그런데 만약 폭락 이후에 반등하지 않고 계속 떨어진다면? 계속 떨어지지는 않더라도 오르지 않고 그냥 그 수준에서 머물 뿐이라면?

이런 사례의 대표적인 경우가 일본 장기 불황이다. 1990년 1월 일본의 주가지수는 37,000이 넘었다. 그 이후 폭락이 시작되었다. 1991년 1월 일본 주가지수는 23,000이었다. 1년 사이에 거의 40% 떨어졌다. 1992년 봄, 일본 주가지수는 16,000이었다. 2년 사이에 60%가량 떨어졌다. 이 정도면 완전한 폭락 아닌가? 이런 폭락에서 주식을 사면 큰 이익을 얻을 수 있지 않을까?

우리가 보통 알고 있는 미국 주식, 한국 주식은 이럴 때 큰 반등을 했다. 그런데 일본 주식은 반등하지 않는다. 이후 20년이 넘게 10,000~15,000을 왔다 갔다 한다. 일본 경제를 두고 '잃어버린 20년', '잃어버린 30년'이라는 말을 하는데, 이렇게 폭락 후 반등하지 않고 몇 십년간 제자리걸음 하는 일본 주식을 보면 쉽게 이해가 된다.

폭락은 위기지만 기회다. 그러나 이런 일본의 경우를 보면 폭락은 폭락일 뿐 기회가 아니다. 일본 경제와 한국 경제, 미국 경제의 차이는 무엇이었을까? 우리는 어떨 때 폭락을 기회로 받아들이면서 매수 기회로 삼고, 어떨 때 폭락은 그냥 빨리 빠져나와야 하는 폭탄으로 여겨야 할까?

경제성장 이론, 경제발전 이론 중에서 현재 점점 그 중요성이 강조되고 있는 이론으로 조지프 슘페터Joseph Schumpeter의 경제발전론이 있다. 가난한 국가가 경제발전을 하기 위해서는 자본, 우수한 인력, 그리고 기술이 필요하다. 이건 경제학을 공부하는 사람이면 누구나 다 알고 있다. 그런데 슘페터는 경제발전이 지속적으로 이루어지기 위한 필수 요소로 '창조적 파괴creative destruction'라는 개념을 제시한다.

아무것도 없는 사회가 발전하기 위해서는 자본, 노동, 기술만 있어도 된다. 그런데 사회가 어느 정도 틀이 잡히면 자본, 노동, 기술이 있어도 더 이상 발전하기 어렵다. 아무것도 없는 허허벌판을 개발해서 벽돌집을 많이 지었다 하자. 그런데 그 후 콘크리트, 엘리베이터 기술이 새로 발전한다. 이런 기술과 자본을 이용하면 5층짜리 건물을 지을 수 있다. 하지만 5층 건물을 지으려면 먼저 기존에 있던 벽돌집들을 부숴야 한다.

5층짜리 건물이 들어선 다음에 강철 기술이 새로 개발되었다

하자. 강철 기술을 이용하면 20층짜리 고층 건물을 지을 수 있다. 20층 고층 건물을 지을 자본, 기술, 인력이 갖춰져 있다. 그런데 20층 건물을 지으려면 먼저 5층 건물을 부숴야 한다. 5층 건물을 부수지 못하면 아무리 20층을 만들 수 있는 기술, 자본이 있어도 소용없다.

벽돌집을 부수고 5층 건물을 짓는 것, 5층 건물을 부수고 20층 건물을 짓는 것. 이게 쉬운 것 같은데 굉장히 어렵다. 5층 건물을 부수기 위해서는 그 안에 살고 있는 사람들을 내보낼 수 있어야 한다. 소위 기득권이다. 이 기득권을 인정하지 않고 내보내야 20층 건물이 지어진다. 기존의 사람들을 보호하기 위해서 5층 건물을 부수지 못하게 하면 20층 건물은 지을 수 없다.

기술, 자본, 인력은 중요하지 않다. 5층 건물을 쉽게 부술 수 있는 사회는 발전할 수 있고, 5층 건물을 부술 수 없는 사회는 발전할 수 없다. 20층 건물이 만들어진 다음에도 마찬가지다. 100층 건물을 짓기 위해 20층 건물을 부술 수 있느냐 없느냐, 다 나은 개량 주거지를 만들기 위해 100층 건물을 부술 수 있느냐 아니냐에 따라 지속적으로 발전할 수 있는지, 아닌지가 정해진다. 새로운 것을 위해서 기존의 것을 부술 수 있는 힘, 이것이 창조적 파괴다. 창조적 파괴를 할 수 있는 국가, 경제는 계속 발전할 수 있고, 창조적 파괴를 할 수 없는 국가, 경제는 그 자리에서 정체한다.

일본 경제의 문제점은 바로 이런 창조적 파괴를 사회적으로 인정하지 않았다는 점이다. 1990년 주가 대폭락, 부동산 대폭락은 무엇보다 금융기관의 부실화를 야기했다. 높은 주가와 부동산 가격을 믿고 대출해준 자금이 다 부실대출이 되는 것이고, 그럼 은행들은 망해야 한다. 한국의 IMF사태를 보면, 상당수의 주요 은행들이 망해서 사라졌다 미국 2008년 금융위기 때도 리먼브라더스, 베어스턴스 등 굴지의 금융기관이 망했다. 이런 큰 은행 외에 작은 은행들은 부지기수로 부도가 났다.

그런데 일본은 달랐다. 작은 증권회사 중 망한 곳이 있기는 했지만 제대로 된 은행 중에서는 망한 곳이 없다. 구조조정이 제대로 된 것도 아니다. 정부가 끼어들어 전부 살렸다. 부실은 모두 안고 갔다.

어떤 사람이 부채 1억 원이 있다고 하자. 이 사람을 파산시키면 일자리도 잃고 지금 당장 돈도 없고 굉장히 어려워진다. 하지만 파산으로 1억 원의 부채는 없어진다. 이 사람은 이후에 처음부터 다시 시작할 수 있다. 새로 돈을 벌면 그 돈으로 즐기며 잘 살 수 있다.

그런데 파산하면 워낙 힘들고 어려워지니, 파산하지 않도록 기본적인 운영 자금과 먹고살 돈을 주었다 하자. 이때 파산하지는 않았지만 1억 원 부채는 그대로 있다. 앞으로 이 사람은 부채 1억 원을 갚기 위해서 열심히 노력해야 한다. 열심히 일하고 돈을 많이 벌더라도 모두 부채를 갚는 데 들어간다. 부채를 다 갚을 때까지 생활이 나아지지 않는다. 일본의 잃어버린 20년, 30년은 이렇게 만들어졌다.

창조적 파괴를 하고, 기존의 것을 부숴버릴 수 있을 때 지속적 발전이 가능하다. 경제위기가 왔을 때 그 위기의 원인에 해당하는 것을 완전히 정리할 수 있어야 반등 할 수 있다. 기존의 것을 그대로 두고 그저 지금의 위기만 넘기자는 시스템으로는 반등이 일어나지 않는다.

어떤 기업이 위기에 처했다고 하자. 주가는 폭락이다. 이때 기업이 제대로 된 구조조정을 하고, 기존의 행태에서 벗어나려 한다면 주가는 반등한다. 하지만 구조조정 없이 지금 상태 그대로 가면서 더욱 열심히 하겠다, 잘하겠다, 하면 반등은 없다. 다른 기업이 인수 합병을 하면서 강력한 구조조정을 하면 주가는 반등한다. 그러나 기존 근로자들을 보호하기 위해서 구조조정 없이 잘해보겠다고 하면 주가 반등은 없다. 구조조정을 안 하고, 근로자 고용을 완벽히 보호하는 기업은 아주 좋은 기업이다. 근로자나 협력업체에게는 훌륭한 기업이고 본받을 만한 기업이다. 하지만 투자자 입장에서는 돈을 빼야 하는 기업이다. 이런 기업은 아무리 폭락했다 하더라도 반등을 기대해서는 안 된다. 설사 주변의 도움으로 부도 위기에서 벗어나더라도 이것은 기회가 될 수 없다. 그냥 위기가 미래로 연기될 뿐이다.

문제는 창조적 파괴, 즉 기득권을 인정하지 않고 기존의 것을 파괴한다는 것이 굉장히 어려운 일이라는 점이다. 국가발전 초기, 경제발전 초기에는 상대적으로 쉽다. 하지만 경제가 점점 발전하고 성숙할수록 창조적 파괴는 어렵다. 기존의 기득권을 무너뜨리기가 점점 어려워진다. 한국도 이미 창조적 파괴가 어려운 사회로 접어들었다. 택시조합으로 인해 우버 등 서비스가 들어오지 못하는 게 단적인 예이고, 재건축, 재개발도 점점 어려워진다.

경제위기, 금융위기로 폭락이 발생했을 때, 아니면 기업이 부도위기에 몰려 주가가 폭락할 때 투자자 입장에서 생각해야 할 것은 단순하다. 이 나라가, 이 기업이 창조적 파괴를 시행하느냐, 아니냐다. 창조적 파괴를 시행한다면 반등은 일어난다. 위기를 기회로 바꿀 수 있다. 하지만 창조적 파괴가 이어지지 않는다면? 그런 경우 폭락 후 반등은 기대하지 말아야 한다. 단기적 기술적 반등만 있을 뿐, 진짜 반등은 없다. 그때는 그냥 빠져나와야 하는 대상일 뿐이다.

시장을 떠나지 않고 관찰하기

하루 단위가 아니라 일년 단위로 플레이하라

- 포커 격언

위기가 기회다. 투자에서는 시장이 폭락하고 난 이후가 기회다. 그런데 계속 투자시장에 참여하고 있는 사람은 이런 폭락기회를 살리기가 참 어렵다. 대부분은 여유 자금 없이 모든 돈으로 주식을 사놓기 때문에 폭락은 그냥 위기일 뿐이다. 그리고 설사 여유 현금이 있다 하더라도 충분히 다 떨어진 다음에 사는게 아니라, 조금 떨어지면 산다.

진짜 폭락에서는 5%, 10% 수준으로 떨어지지 않고 훨씬 더 떨어진다. 그런데 사람들은 5%가 떨어지면 폭락인 줄 알고 산다. 10%가 떨어지면 빚을 내서라도 지금의 기회를 살리려고 한다. 하지만 10% 떨어지는 정도 가지고 위기라고 하지는 않는다. 시장은 그보다 훨씬 더 떨어지고 결국 투자자들은 박살이 난다.

이런 폭락의 위기를 피하기 위해서는 어떻게 해야 할까? 평소에는 투자하지 않고 그냥 경제위기 때만 투자하면 되지 않을까? 보통 때는 그냥 은행이나 안전한 금융상품에만 돈을 넣어두고, 경제위기급 폭락이 벌어지면 그때만 투자하는 방식이다. 이러면 몇 년에 한 번만 투자를 해도, 엄청난 수익을 얻을 수 있다. 평소에 계속 투자하는 사람들보다 수익률이 훨씬 높다.

이론적으로는 맞는 말이다. 그런데 실제 평소에는 투자를 하지 않다가 경제위기로 시장이 폭락했을 때만 투자하는 것은 쉽지 않다.

1990년대 말 2000년대 초, 당시 한국에서는 온라인 게임인 〈리니지〉가 크게 유행했다. 리니지는 그 이전의 게임과 달랐다. MMORPG(다중접속역할수행게임) 게임인 리니지는 시작도 없고 끝도 없었다. 유저들은 그냥 게임 안에서 생활했다. 종일 게임하는 게이머들이 나오기 시작했고, 학생들이 학교에 안 가고 게임만 하려 하는 게임 중독이 사회 문제가 되었다. 당시 저자도 〈리니지〉에 중독되었다. 시간이 있을 때마다 리니지를 했다.

〈리니지〉 게임을 잘하기 위해서는 무기와 장비가 필요했다. 이때 사람들은 현금으로 온라인 게임 아이템을 구입하기 시작했고, 소위 말하는 '아이템 현금거래'가 나타나기 시작했다. 그런데 그때 아이템 현금거래는 사회적으로 굉장히 이슈가 되었다. 아이템 현금거래가 위법인가 아닌가로 요란했고, 아이템 현금거래를 금지해야 하는가 아닌가의 여부로 시끄러웠다.

어쨌든 저자 역시 〈리니지〉를 했는데, 주변 환경 때문에 제약이 하나 있었다. 아이템 현금거래를 하지 말아야 한다는 약속이 그것이었다. 레벨업을 하면 보다 좋은 무기, 장비가 있어야 한다. 그런데 〈리니지〉 게임을 진행하면서 버는 게임머니인 아데나로는 그 무기, 장비를 살 수가 없다. 보통 게이머들은 아이템 현금거래를 통해 무기를 새로 구입하지만, 저자는 그럴 수 없었다.

게임머니가 필요한데 현금으로 살 수는 없다. 어떻게 해야 할까? 저자는 〈리니지〉 내에서 장사를 시작했다. 상점을 열고 물건을 사고팔았다. 리니지 내에서 상인이 되었다.

원래 저자가 상인이 되어 물건을 사고팔기 시작한 건 내게 필요한 무기, 장비를 구입할 돈을 벌기 위해서였다. 그런데 의외의 일이 벌어졌다. 저자는 〈리니지〉 내에서 거상이 되었다. 물건을 사고팔면서, 또 물건을 만들어 팔면서 큰돈을 모았다.

처음 상인 활동을 시작하고 알게 된 것은 물건을 사고파는 게 별 이득이 안 남는다는 점이었다. 마법 목걸이라고 하면, 이걸 30만 아데나에 사서 33만 아데나에 파는 식이다. 물론 10%, 즉 3만 아데나를 벌기는 한다. 그런데 그런 거래를 한 번 하기 위해서는 오랜 시간이 걸린다. 먼저 30만 아데나에 목걸이를 사고, 이게 33만 아데나에 팔릴 때까지 한없이 기다려야 한다. 언제 팔릴지 기약할 수 없다. 그 시간 비용을 고려하면 상인을 집어치우고 그냥 밖에 나가 사냥하는 게 더 낫다.

하지만 상인 활동을 계속하면서 이익은 점점 커졌다. 이익을 얻게 된 이유는 2가지였다. 첫째, 상인을 하면서 계속 마을에서 상점을 열고 있다. 사람들이 계속 마을을 오고 가며 물건을 팔고, 또 사는 광경을 계속 지켜본다. 게이머들은 물건을 살 필요가 있을 때, 팔 필요가 있을 때만 마을에 들른다. 하지만 상인은 사냥을 나가지 않고 그냥 계속 마을 안에만 있다.

그렇게 계속 마을에 있으면 어쩌다 급매로 물건을 파는 사람을 만나게 된다. 그는 레벨업이 되어 기존 무기, 장비가 필요 없게 되었다. 이걸 처분해야 하는데, 제값을 받기 위해서 오랫동안 마을에 머물 생각은 없다. 대강 팔아치우고 빨리 또 사냥을 나가려고 한다. 이런 게이머들은 굉장히 낮은 가격에 물건을 내놓는다. 이런 건 먼저 잡는 게 임자다. 하지만 이것을 잡을 수 있는 사람은 항상 마을에 있는 상인들뿐이다. 제대로 된 거래에서는 수익률이 별로다. 그러나 이런 급매를 잡으면 수익률이 아주크다. 대부분의 수익은 바로 이런 급매물을 잡는 데서 나온다.

둘째, 마을에 계속 머무르며 상인 활동을 하다보면, 모든 물건의 가격을 알게 된다. 또 물건의 시세가 계속 오르고 내리는 것도 알게 된다. 〈리니지〉 게임 내에는 무척 많은 무기, 장비가 있다. 처음에 사냥을 하러 다닐 때 저자는 자신이 사용하는 무기, 그리고 앞으로 가지고 싶은 무기의 가격 말고는 잘 몰랐다. 하지만 상인 활동을 하게 되니 수백 개에 달하는 무기와 장비의 가격을 알게 된다. 그걸 알기 위해서 열심히 공부하고 그런 것은 아니다. 그냥 자연스럽게 알게 된다. 전통시장에 갔을 때, 가격표가 붙어 있지도 않은데 주인이 수십 개 품목을 보며 이건 얼마, 저건 얼마라고 바로바로 말하는 것은 괜히 그런 게 아니었다. 그리고 그 가격이 계속 변화한다는 것도 알게 된다. 그때그때 사람들이 많이 찾는 것이 있고, 유행하는 것이 있다. 그에 따라 물건의 가격도 오르내린다.

누가 마법 목걸이를 30만 아데나에 내놓았다고 하자. 보통 사람들은 이게 비싼 건지 싼 건지 구별할 수 없다. 비싸다 하더라도 조금 비싼 건지, 폭리를 취하는 건지 구별하지 못한다. 싸다고 하더라도 조금 싼 건지, 헐값인지, 이것저것 따지지 않고 무조건 잡아야 하는 가격인지 알지 못한다. 그런데 마을에 오랫동안 앉아 상인 활동을 하다 보니 그것을 알게 된다.

수익은 순진하고 무식한 게이머에게 비싼 가격에 바가지를 씌우는 데서 나는 게 아니다. 그런 상인도 분명 있었다. 하지만 그런 상인은 금방 사라진다. 한 번 당한 게이머는 다시는 그 상인을 찾지 않는다. 수익은 바로 물건을 싸게 구입하는 데서 나온다. 시세보다 비싸게 파는 건 어렵다. 파는 건 항상 시세대로 팔아야 한다. 그러니 수익은 물건을 얼마에 사는가에서 나온다. 즉, 싸게 사는 게 관건이다. 그리고 싸게 사기 위해서는 물건의 가격과 추세를 다 알고 있어야 한다. 그래야 물건을 파는 사람의 가격이 싸다는 걸 바로 판단하고 물건을 구입할 수 있다.

결국 상인으로서 돈을 벌기 위해 가장 중요한 것은 무엇이었을까? 계속 시장에 있는 것이었다. 그리고 물건과 가격의 움직임을 계속 바라보는 것이었다. 특별히 공부를 열심히 할 필요는 없다. 그냥 계속 지켜보기만 하면 알 수 있다. 그러면 시장의 가격과 움직임을 알 수 있게 되고, 수익은 바로 거기서 난다. 또 시장에 계속 있어야만 어쩌다 나타나는 큰 수익의 기회를 얻게 된다. 어쩌다 마을 상점가에 들르는 사람이 대량의 땡처리 기회를 잡는 것은 불가능하다.

이것은 게임 내의 상인 세계만이 아니라 투자, 그리고 이외의 다른 부문도 모두 마찬가지라고 생각한다. 투자에서 성공하기 위해서는 무엇이 비싼지 싼지 금방 파악할 수 있어야 한다. 모든 것을 다 외우지는 못하더라도 나름대로의 기준을 적용하여 한순간에 판단할 수 있어야 한다. 그래야 이야기가 된다. 그러기 위해서 무엇보다 중요한 것은 계속 시장에 붙어 있는 것이다. 거기서 돈을 벌 기회가 생기고 또 큰 수익의 가능성도 나온다. 평소에는 시장을 떠나 있다가 기회가 있을 때만, 폭락했을 때만 투자를 하겠다는 것은 불가능하다. 시장에 계속 붙어 있는 것. 이것이 수익을 내기 위한 전제 조건이다.

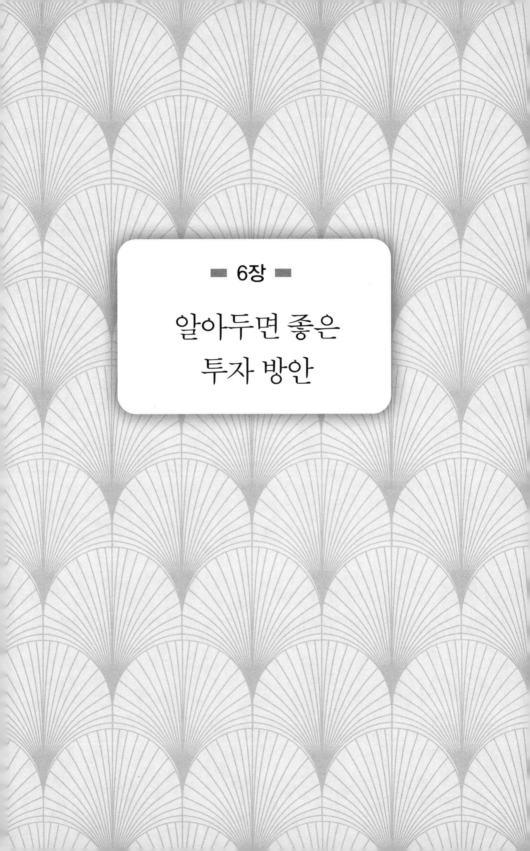

6장

알아두면 좋은
투자 방안

투자의 고수가 되기 위한 단계

남들처럼 투자하면 남 이상은 못 된다. 남보다 두 배를 투자하면 남과
비슷해진다. 남보다 세 배를 투자하면 비로소 세상이 알아줄 것이다.

― 노구치 히데요

투자에 관심을 가지게 되면 미래 예측을 잘하는 현명한 투자의
고수들을 많이 만나게 된다. 이 주식이 오르리라고 예상했었다, 이
기업이 성공할 줄 알고 있었다, 테슬라가 잘나갈 것을 몇 년 전에 이
미 예측했었다……, 이렇게 말하는 사람들이 참 많다. 사업에 대해
서도 마찬가지다. 나도 이 사업 아이템을 생각했었다, 나도 이 사업
이 뜰지 알았다, 이런 말을 쉽게 들을 수 있다.

이런 사람들이 거짓말을 하는 것은 아니다. 분명 이전에 해당 기
업이나 사업 아이템에 관심을 가지고 괜찮겠다, 투자하자, 생각했을
것이다. 실제로 투자를 하지 않아서 지금 큰 수익을 챙기지는 못했
지만, 어쨌든 미래를 예측했던 것은 사실이다. 이런 선견지명을 가
지고 있으니 훌륭한 투자자가 될 수 있는 자질을 가지고 있는 게 아
닐까? 투자에서 가장 중요한 게 미래를 보는 것인데, 이렇게 미래를
제대로 예측한 실적이 있으니 이 사람들은 투자의 고수가 틀림없지
않을까?

투자에서 미래를 바라보는 힘은 중요하다. 하지만 미래 예측을

제대로 한다고 해서 성공적인 투자자가 되는 것은 아니다. 투자에는 급수가 있다. 일본의 유명 주식투자자 가타야마 아키라는 투자자로 성공하기 위한 급수를 4단계로 구분하여 설명하고 있다.

1단계 : 어떤 기업의 주가가 오를지 예측하는 단계

앞에서 미래를 예측했던 사람들, 어떤 기업의 주가가 오를지, 어디 부동산이 오를지, 그리고 어떤 사업 아이템이 히트를 칠지 예측했던 사람들은 현명한 사람들일 것이다. 하지만 그런 사람들은 성공적인 투자자가 되기 위한 1단계 수준에 불과하다. 투자자 중에서는 단지 투자세계에 입문한 정도라고 봐도 된다.

사실 미래 예측은 투자자로 성공하는 데 큰 의미가 없다. 투자에 관심 없이 하루하루 보내는 사람들은 미래에 대해 별 관심이 없을지 몰라도, 투자하는 사람들은 누구나 계속해서 미래를 예측하려 한다. 그렇게 많이 미래를 예측하다보면 맞는 것도 많이 나온다. 미래 예측을 잘하면 현명하다, 똑똑하다는 이야기는 들을 수 있다. 하지만 부자가 되는 것은 아니다. 미래 예측은 부자가 되기 위한 1단계일 뿐이다.

2단계 : 주식을 직접 사는 단계

2단계는 미래 예측을 통해 앞으로 이 기업이 잘나간다고 생각했을 때, 그 주식을 직접 사는 단계다. 그러니까 자신의 판단에 대해 직접 돈을 거는 행위다.

돈을 건다는 것은 참 이상하다. 어떤 의견에 대해 매우 강력하게 주장하는 사람이 있다고 하자. 신념을 가지고 자신의 말이 맞는다고 강하게 주장한다. 이때 그 말에 대해서 책임을 질 수 있느냐고 하면 당당하게 책임질 수 있다고 한다. 그런데 그 주장에 돈을 걸 수 있느냐고 하면, 그러니까 그 주장이 틀리면 돈을 낼 수 있느냐고 하면 주저한다.

정말로 자신의 주장에 확신이 있으면 돈내기를 반겨야 한다. 하지만 자신의 말에 돈까지 거는 경우는 거의 없다. 과거의 지식에 대해 돈내기를 할 수는 있어도, 미래의 지식에 대해 돈을 거는 사람은 거의 없다. 겉으로는 확신한다고 하지만 실제 확신을 가지고 있는 것은 아니다. 무의식적으로는 그게 확실하지 않다는 것을 알고 있다.

또 돈을 거는 것은 단순히 확신이 있다는 것만을 의미하는 것은 아니다. 자신이 가진 것을 내어놓을 수 있어야, 자신의 무언가를 희생할 수 있어야 돈을 걸 수 있다. 100% 확신을 가지고 있어도, 지금 자기가 가진 것에 강한 애착을 가지고 있으면 돈을 내놓지 못한다. 자신을 내놓을 수 있는 사람만이 투자를 할 수 있다.

미래 예측은 성공적인 투자자가 되는 것, 부자가 되는 것과 아무 상관 없다. 돈을 내고 직접 주식을 사야지만 수익을 얻을 수 있다.

3단계 : 주식을 많이 사는 단계

미래 예측도 했다. 그래서 그 주식을 샀다. 예측대로 그 주식이 크게 올랐다. 그럼 부자가 될 수 있을까? 보통 주식투자에 관해 이야기하는 책과 유튜브에서는 어떤 주식이 오를 것이라고 이야기하고, 사람들은 그 정보를 바탕으로 주식을 산다. 이것을 잘하면 부자가 될 수 있을 것 같다. 하지만 그렇지 않다. 단순히 주식을 사는 것만으로는 부자가 될 수 없다. 주식을 많이 사야 부자가 될 수 있다.

어떤 주식이 현재 5만 원인데 앞으로 7만 원이 넘을 것이라고 예측했다고 하자. 그리고 500만 원을 투자해서 실제 그 주식을 100주 샀다. 1년 후, 정말로 그 주식이 7만 원이 되었다. 무려 40% 수익률이다. 500만 원이 700만 원이 되었다. 성공적인 투자라는 건 분명하다. 하지만 부자가 될 수 있나? 성공적인 투자자가 될 수 있나? 이 사람은 200만 원을 벌었을 뿐이다. 용돈을 좀 번 것일 뿐 부자가 되는 것과는 아무런 상관이 없다. 정말로 의미 있는 수익을 얻으려면 훨씬 큰돈을 투자했어야 한다. 자신의 재산 상태에 따라서 정말로 의미 있는 변화를 일으킬 수 있을 정도의 투자를 해야 한다.

그런데 이게 어렵다. 100만 원, 재정 상태에 따라 1,000만 원 정도를 사는 것은 그리 어렵지 않다. 하지만 몇 천만 원, 몇 억 원 어치를 사는 것은 정말 어렵다. 그렇게 사기 위해서는 주식을 살 정도의 확신만 가지고는 안 된다. 그것보다 훨씬 큰 확신이 있어야 하고, 자신이 가진 것을 희생할 수 있어야 한다. 크게 잃을 수 있다는 위험을 감수해야 한다. 그냥 수익을 얻는 것이 아니라 부자가 되기 위해서는 이 단계가 반드시 필요하다.

4단계 : 주식을 오랫동안 보유하는 단계

앞으로 미래에 크게 오를 주식을 발견했다. 그래서 큰돈을 들여 그 주식을 많이 샀다. 그다음에 실제 그 주식이 크게 올랐다. 그러면 여기서 큰 수익을 올릴 수 있을까? 그럴 것 같다. 하지만 실제 자기가 보유한 주식이 크게 올랐다고 해서 큰 수익을 올릴 수 있는 건 아니다. 주식이 크게 오르는 동안 팔지 않고 계속 가지고 있어야 큰 수익이 난다. 그런데 오르는 주식을 계속해서 가지고 있는 건 정말 쉽지 않다. 이건 또 다른 단계의 이야기다.

가지고 있는 주식이 10% 오르는 것은 기쁘게 바라볼 수 있다. 20% 오르는 것도 좋아하면 가지고 있을 수 있다. 그럼 50%가 올랐다고 하자. 이때 팔아야 할까, 계속 가지고 있어야 할까? 100%가 올라서 2배가 되었다. 이때는 팔아야 할까, 그대로 가지고 있어야 할까?

1억 원을 투자했을 때 10% 오르면 1,000만 원 수익, 20% 오르면 2,000만 원 수익이다. 적지 않은 수익이기는 하지만 이 수익으로 부자가 되지는 못한다. 2배가 되면 1억이 2억이 된다. 큰 수익이기는 하지만, 이것으로도 부자라고 할 수는 없다. 정말로 여기서 변화가 생기려면 1억이 10억이 될 때까지 가지고 있어야 한다. 최소한 5억은 챙겨야 부자로의 길이 열린다. 5배, 10배가 될 때까지 들고 있어야 한다는 뜻이다. 그런데 이게 쉽지 않다. 어쩌면 1~3단계보다 이 4단계가 훨씬 더 어렵다.

처음부터 10~20% 상승을 기대하고 샀다면 4단계는 필요 없다. 그러나 처음에 현명한 미래 예측을 할 때는 10~20% 수익을 바라고 한 것은 아니었을 것이다. 최소한 몇 배는 오를 수 있을 것으로 생각하고 주식을 샀을 것이다. 그러면 몇 배 오를 때까지 기다릴 수 있어야 한다. 어떤 주식이 오를 것인가를 예측하는 사람은 많고, 주식을 사는 사람도 많다. 하지만 큰 자금으로 사는 사람은 적다. 그리고 5배, 10배, 그 이상의 수익을 챙겨가는 사람은 더 적다.

이 4단계를 모두 넘어설 수 있어야 투자에서 정말로 큰돈을 벌어 생활의 변화를 만들어낼 수 있다. 부자가 되려면 피해서는 안 되는 길이다. 이 투자의 4단계 급수는 기억해둘 필요가 있다.

The Winner-Take-All - 1등 기업에 투자하기

"우리의 목표는 단순히 돈을 버는 게 아니라 훌륭한 제품을 만드는 것이다"

– 스티브 잡스, 애플에 복귀한 후 첫 팀장 회의에서

'이긴 자가 모든 것을 가진다(승자독식)the winner takes it all'이란 문구가 가장 유명하게 사용된 곳은 아마 아바ABBA의 노래일 것이다. 아바의 노래를 기반으로 한 뮤지컬 〈맘마미아〉와 동명의 영화가 크게 히트하면서 〈the winner takes it all〉은 아바의 대표작으로 알려져 있다.

그런데 'the winner takes it all'이 아바의 노래만큼 유명하게 사용되는 곳이 있다. 경제적 불평등과 관련해서다. 사회적 불평등, 경제격차 현상과 관련해서 『승자독식사회The Winner- Take-All Society』란 책이 처음 발간된 것은 1995년이다. 이때부터 경제적 불평등은 세계적 논란이 되었다.

『승자독식사회』에서는 현대 사회를 승자 독점의 사회로 본다. 이긴 자가 모든 것을 가지며, 패자는 모든 것을 잃는다. 오로지 1등만이 모든 영광과 부를 획득하며, 2등은 아무런 영광도 얻지 못하고 아무도 기억하지 않는다. 1등과 2등의 실력 차이는 크지 않다.

2020년 도쿄올림픽에서 100미터 달리기 1등은 9.8초였고 2등은 9.84초였다. 단지 0.04초 차이였다. 하지만 그 0.04초의 차이로 금메달, 은메달이 달라졌고 그 후의 인생도 달라진다.

TV 드라마, 영화, 음악가나 미술가의 작품들은 1등작과 2등작의 품질 격차가 그렇게 크지 않다. 둘의 차이도 제대로 구별되지 않는다. 시청률이 더 좋다고, 관객 수가 더 많다고 너 좋은 작품이라고 판단하기 어렵다. 하지만 사람들은 품질을 객관적으로 판단하고 행동하지 않는다. 사람들은 오로지 1등만 기억하고 1등만 찾을 뿐이다. 따라서 1등은 모든 부를 독차지한다. 2등, 3등은 1등과 실력 차이가 별로 없지만, 아무도 찾지 않는다. 그래서 2등 이하는 소득이 많지 않다. 사회의 모든 부문에서 1등을 하는 기업인, 예술가, 운동선수, 학자는 막대한 부를 획득하지만, 2등부터는 획득하는 부가 급격히 감소한다. 이런 이유로 백만장자가 급증하고 있기는 하지만, 빈부격차는 점차 증대하고 사회의 양극화가 심화되고 있다.

승자 독점 사회가 발생하는 원인은 인터넷 기술, 정보통신 기술의 발전 때문이다. 인터넷 기술의 발달로 국가 내 모든 사람이 1등의 서비스를 직접 보고 즐길 수 있게 되었기 때문에 승자 독점 사회가 형성되었다. 축구선수의 경우, 이전에는 한 마을에서 가장 축구를 잘하는 사람도 칭송을 받았다. 한 도시에서 가장 축구를 잘하는 사람도 명성을 얻고 부를 얻을 수 있었다. 그 도시 주변 사람들은 다른 도시의 축구선수들이 경기하는 모습을 보기 어려웠고, 그 때문에 자기 도시에서 가장 잘하는 사람에게 영광을 보냈다. 그러나 정보통신 기술의 발달은 전국에서 축구를 가장 잘하는 사람의 경기 모습을 항상 볼 수 있게 했다. 전국 1위 수준의 경기를 계속 볼 수 있는 사람들은 더 이상 자기 도시의 선수에게 관심을 갖지 않는다.

음악가, 미술가, 학자, 기업인 모두 마찬가지다. 이전에는 한 마을이나 도시에서만 잘하는 경우에도 각광받을 수 있었다. 그러나 이제는 비교 대상이 국가에서 가장 잘하는 사람, 세계에서 가장 잘하는 사람이 되었다. 세계 정상의 수준에 도달한 몇몇 극소수는 세계적으로 각광받지만, 세계 정상 수준에 도달하지 못한 대다수 사람은 아무런 관심을 받지 못한다.

이런 승자 독점 사회가 좋다고는 보기 어렵다. 승자 독점 사회의 가장 큰 문제점은 자원이 크게 낭비된다는 것이다. 1등이 모든 것을 차지하기 때문에 누구나 1등이 되기 위해서 노력한다. 100명의 사람이 한 부문에서 경쟁하게 되면 100명 모두 막대한 자원을 투자해 1등이 되기 위해 애쓸 것이다. 그런데 이렇게 자원을 쏟아부은 100명 중 보상을 받는 사람은 단지 1등인 1명뿐이다. 나머지 99명의 투자 자원은 아무런 보상을 받지 못한다. 1등은 자신의 노력 수준에 비해서 너무 큰 보상을 받지만, 나머지 99명은 자기 노력에 비해서 거의 보상받지 못한다. 99명의 투자는 사회적 낭비가 된다. 즉, 승자 독점 사회에서는 사회적으로 매몰되는 비용이 너무 크다.

이와 같이 승자 독점 사회, 이긴 자가 모두 가지는 사회가 좋은지 나쁜지, 이런 사회를 바꾸기 위해서 어떻게 해야 하는지에 대해서는 논란이 있을 수 있다. 하지만 부자가 되고자 하는 사람, 투자자 입장에서 어떻게 해야 하는지는 분명하다.

보상은 1등에 집중된다. 1등이 거의 모든 이익을 챙기고, 2등 이하부터는 이익이 급감한다. 그렇다면 투자자가 해야 할 일은 1가지다. 1등 기업에 투자하는 것이다. 2등 기업이 1등 기업에 비해 별로 뒤떨어지지 않는다고 해서 1등 기업과 2등 기업에 비슷하게 투자하는 것은 곤란하다. 실력 차이는 거의 없다 하더라도 이익은 큰 차이가 난다. 투자 수익도 크게 차이가 날 수밖에 없다.

2등 기업이 실질적으로는 1등 기업보다 더 기술력이 뛰어나다고 2등 기업에 투자해서도 곤란하다. 이긴 자가 모두 가지는 사회에서는 순위가 중요한 것이지, 기술력의 우수성은 부차적이다. 기술력이 뛰어나서 1등 자리를 빼앗으면 그때부터는 투자 대상이 될 수 있다. 하지만 1등이 아닌데 기술력이 뛰어나다는 이유만으로 투자를 해서는 곤란하다.

여기서 중요한 건 1등이 어디에서 1등이냐 하는 점이다. 동네에서 1등은 의미가 없다. 도시에서 1등도 의미가 없다. 인터넷 세상에서 정말로 의미를 가지는 1등은 세계 1위다.

국내 투자자가 가장 오해하는 부분이 바로 이 지점이다. 1등 기업을 찾아 1등 기업에 투자하려는 사람들은 많다. 그런데 많은 분야에서 한국 1등이면 1등 기업으로 보고 투자한다. 하지만 '이긴 자가 모두 가지는 사회'에서 이긴 자는 한 국가 내에서 이긴 자를 말하는 것이 아니다. 세계무대에서 이긴 자를 말하는 것이다. 한국에서 1위인 기업과 세계에서 1위인 기업이 가져가는 이익의 차이는 엄청나다. 한국에서 스마트폰 1위는 삼성이다. 삼성의 이익 규모는 2021년 약 14조다. 전 세계에서 스마트폰 1위는 애플이다. 애플의 이익 규모는 약 30조다. 애플이 압도적이다. 우리의 투자 수익은 해당 기업의 이익 규모에 비례하는 것이 원칙이다. 국내 1위보다는 세계 1위를 찾아야 한다. 거기에서 더 높은 수익이 발생한다.

물론 단순히 세계 1위라고 해서 높은 이익이 발생하는 것은 아니다. 산업이 성장하지 않고 정체되어 있는 경우, 세계 1위라 할지라도 주가는 올라가지 않는다. 아무리 세계 1위라 하더라도 산업이 쇠퇴하고 매출 감소와 적자가 발생한다면 주가는 낮아진다. 즉, 우리는 세계 1위이면서 성장하는 산업에 속한 기업을 찾아야 한다. 어쨌든 세계 1위의 기업을 대상으로 하겠다는 전제를 항상 깔고 있어야 한다.

세계 1위 기업을 대상으로 할 때 투자 이익이 커진다. 이긴 자가 전부 가지는 사회, 승자 독점은 투자에서의 그 원칙을 제시해준다.

주주를 위하는 기업의 주식만
사야 한다 - 주식시장의 역사

"미국에서의 성공요인이 무엇이라고 생각하십니까?"
"아마, 미국이었다는 것이 첫 번째 요인이 아닐까 합니다."
미국에서는 학연, 지연이나 접대문화에 기대지 않고 오직 실력과 능력
으로 승부한다. 미국에서는 더 좋은 상품을 만드는데만 몰두해도 된다.

– 스티브 김 (알카텔 벤처스 회장)

현재의 주식시장은 언제 만들어졌을까? 최초의 주식시장은
1602년 네덜란드 동인도회사가 설립되면서 시작되었다. 동인도회
사를 설립할 때 막대한 자금이 필요했고, 사람들에게 투자금을 받았
다. 그전에도 사업을 할 때 자금투자를 받는 일은 있었다. 그런데 문
제는 동인도회사는 장기간 사업을 예상했다는 점이다. 그전에는 사
업이 1회성이었고, 1~2년 정도가 지나면 회사가 청산을 해서 투자
자는 원금과 배당금을 받을 수 있었다. 하지만 동인도회사는 처음
만들어질 때부터 10년 동안 존속할 것을 계획했다. 지금 투자하면
10년 후에 회사가 청산하고, 그때가 돼야 투자금과 배당금을 받을
수 있다. 투자자 입장에서 10년은 너무 길다. 얼마의 수익이 있을
지도 모르는데 10년을 바라보고 투자 할 수는 없었다. 그래서 동인
도회사는 그사이에 사람들이 투자 지분을 사고파는 것을 인정했다.
10년을 기다리지 않고 자기가 편할 때 사고팔 수 있게 했다. 사람들
이 동인도회사 지분을 사고팔기 시작했고, 여기에서 주식시장이 만

218

들어졌다.

사람들이 동인도회사에 처음 투자할 때 기대했던 것은 배당금이다. 회사가 이익을 내서 주주들에게 주는 배당금이 투자의 목적이었다. 그런데 주식시장이 만들어져 동인도회사 지분이 거래되면서, 지분 가격이 등락하게 된다. 주식은 배당을 받을 수 있는 권리다. 배당이 많을 것 같으면 주가가 오르고, 배당이 적을 것 같으면 주가가 내린다.

현재 시점인 2020년대, 주가는 왜 오르고 내릴까? 많은 사람이 기업의 매출, 이익이 증가하면 주가가 오를 것으로 본다. 지금 당장 매출, 이익이 오르지는 않더라도, 앞으로 매출이나 이익이 증가하면 주가가 오를 것으로 생각한다. 그래서 주식분석가들은 어떤 산업이 유망한지, 어떤 기업이 성장하는지, 이익구조가 어떻게 되는지를 분석한다. 어떤 회사의 매출, 이익이 증가할 것이라고 예측되면 그 회사의 주가는 상승한다.

그런데 한번 따져보자. 회사의 매출, 이익이 증가하면 왜 주가가 올라야 할까? 매출이 오를 때 주가가 같이 따라 올라야 한다는 규칙은 없다. 이익이 증가할 때 주가도 올라야 한다는 법도 없다.

매출, 이익이 오르면 회사는 좋아진다. 회사에서 일하는 임직원은 월급이 오를 것이고 사내 복지도 좋아질 것이다. 그런데 주식을 보유하고 있는 주주에게 좋은 점은 뭔가? 대주주라면 회사의 이익이 증가했을 때 이를 통해 이익을 볼 수 있는 유형, 무형의 것들이 있을 수 있다. 하지만 소액 주주들은 기업의 실적이 좋아진다고 해서 특별히 나아질 게 없다. 회사의 실적이 좋아졌다고 사람들이 그 회사의 주식을 더 원하고, 더 사려고 하고, 그래서 주가가 올라야 하는 필연적인 이유는 없는 것이다.

네덜란드에서 왜 처음에 주식시장이 생기고 주식 가격이 오르내리기 시작했는가를 보면, 주가가 움직이는 기본 원리에 대한 시사점을 얻을 수 있다. 회사의 매출, 이익이 올라갈 때 주가가 올라야 하는 당위적인 이유는 하나뿐이다. 이익이 증가하면 배당금이 증가한다. 주식을 가지고 있을 때 나오는 배당금이 증가한다면 당연히 주가는 오르게 된다. 시장 이자율보다 더 많은 배당금이 나온다면 사람들은 이 주식을 사려고 한다. 하지만 시장 이자율보다 배당금이 적다면 그 회사의 주식을 살 필요는 없다.

즉, 이론적으로 볼 때 주식이 올라야 하는 경우는 1가지다. 회사의 이익이 증가해서 배당금이 더 많아질 때 주가가 오른다. 이익과 배당금이 지금 증가하지는 않더라도, 최소한 앞으로 이익과 배당금이 많아질 것이라고 예상할 수 있어야 한다. 또 지금 이익을 재투자하느라 다 써버려서 배당을 하지 않더라도, 앞으로 미래에는 더 큰 배당을 줄 것이라는 기대가 있어야 한다.

즉, '이익 증가 => 주가 상승'이 아니다. '이익 증가 => 배당금 기대 이익 증가 => 주가 상승'이다. 이 개념을 적용하면, 어떤 기업에 투자해야 하고 어떤 기업에 투자하면 안 되는지에 대한 시사점을 얻을 수 있다.

첫째, 매출과 이익 중에서 어떤 지표가 더 중요할까? 회사 입장에서는 매출이 더 중요하다. 매출이 큰 회사가 지명도도 높고 사회적으로 대접을 받는다. 큰 회사에 다니는 임직원이 더 자부심이 강하고 사람들에게 인정도 받을 수 있다. 하지만 주주 측은 아니다. 배당금은 매출에서 나오는 게 아니라 이익에서 나온다. 이익이 큰 회사가 좋은 회사다. 지금 당장 이익이 없더라도, 앞으로 이익이 나올 것이라고 예상되어야 한다. 주식투자자들은 매출보다 이익에 더 초점을 맞추어야 한다.

둘째, 아무리 매출, 이익이 좋은 회사라 하더라도, 투자자 입장에서는 더 중요한 기준이 있다. 그 회사가 과연 배당금을 줄 것인가다.

회사 정책 운영상 현금을 더 쌓아둘 필요가 있어서 배당을 안 할 수 있다. 투자를 더 해야 해서 배당을 안 할 수도 있다. 하지만 이 경우, 충분한 현금이 쌓이면, 또 할 수 있는 투자를 다 하면 그때부터는 배당을 할 것이다. 이런 기대가 있으면 주식은 계속 상승할 수 있다. 미국의 기업 중에서는 이익이 나도 배당을 하지 않는 기업, 배당을 하더라도 아주 적게 하는 기업들이 많다. 하지만 그렇다고 해서 주주들이 이에 대해 불만을 표하는 경우는 별로 없다. 지금 당장 배당을 안 해도, 나중에 사업이 안정되면 배당을 할 것이라고 믿고 기다린다.

그런데 그런 경우에도 배당을 하지 않는 기업이 있다. 기본적으로 경영권을 가지고 있는 대주주가 기업을 지배하는 경우는 배당을 제대로 하지 않는다. 대주주 경영자 입장에서 볼 때, 기업의 돈은 자기의 돈이 될 수 있다. 배당하지 않아도 이런저런 방법으로 자기 마음대로 돈을 사용할 수 있는 방법이 있다. 이때 배당을 하는 것은 자기가 마음대로 쓸 수 있는 돈을 다른 사람들에게 그냥 나눠주는 게 된다. 한국의 많은 재벌 그룹이 배당을 잘 하지 않는 것, 배당을 하더라도 아주 조금만 하는 건 기본적으로 이 때문이다.

재벌 그룹만이 아니라 소수 대주주가 기업을 지배할 때도 이런 현상이 많이 발생한다. 이들 입장에서 모든 주주에게 나누어주는 배당은 손해일 뿐이다. 어쩌다 이런 기업들이 배당을 제대로 할 때가 있다. 그런데 이런 경우를 자세히 보면 대주주들이 현금이 필요한 경우다. 특히 상속세를 내야 한다거나 하는 이슈가 있을 때 배당을 늘린다. 그리고 상속세를 다 내고나면 더 이상 배당을 하지 않는다.

한국의 상장 기업에는 이런 기업이 상당히 많다. 회사의 이익은 주주들에게 나눠주어야 할 돈이 아니라 대주주 자신만의 이익이라고 보는 기업들이다. 이런 기업은 아무리 회사 이익이 많아도 배당금이 높아질 가능성이 없다. 배당금이 높아질 가능성이 없으면 주가가 올라야 하는 필연적인 이유도 없다.

한국 주식시장의 주가는 외국과 비교해서 가격이 싸다. 같은 매출, 같은 이익을 내도 해외 기업들에 비해 주가 수준이 낮다. 소위 말하는 코리아 디스카운트Korea discount다. 매출, 이익만 보면 한국 기업이 저평가된 것처럼 보인다. 하지만 주식을 구입하는 아주 근본적인 이유, 배당금 측면에서 보면 한국 주식은 저평가라고 보기 어렵다. 어쨌든 우리가 한국 주식에 투자할 때는 단순히 매출, 이익만 보면 안 된다. 그 회사가 과연 배당금을 소액 주주들에게 나누어줄 가능성이 큰가 아닌가가 중요한 기준이 되어야 한다. 회사가 대주주의 이익을 위해 움직이는가, 아니면 모든 주주의 이익을 고려하는가를 생각해야 한다. 대주주의 이익만을 우선하는 기업에 투자하면, 기업은 좋아지는데 주가는 오르지 않는 이해할 수 없는 현상을 경험하게 될 것이다.

성 선택론과 identity 경제학

지위 향상을 위해 재산을 아끼지 말라. 젊은이가 해야 할 일은 돈을 모
으는 것이 아니라 그것을 사용하여 장차 쓸모 있는 사람이 되기 위해
노력하는 것이다. 은행에 넣어둔 돈은 당신에게 아무것도 주지 못한다.
미래를 위해 당신의 돈을 쓰라.

– 헨리 포드

많은 사람이 진화론을 생물이 환경에 적응하면서 변화하는 것을
주장하는 이론으로 알고 있다. 다윈과 월리스는 생물이 변화하는 원
인으로 주변 환경에 적응하는 것을 제시해 진화론의 창시자가 되었
다. 그런데 다윈은 이런 환경적응론을 주장한 후 고민에 빠졌다. 도
무지 환경적응론으로는 설명되지 않는 동물들의 형태가 많았다. 가
장 대표적인 것이 공작새였다. 공작새는 화려한 깃털 장식을 자랑
한다. 그런데 아무리 봐도 이 화려한 깃털 장식은 생존에 도움이 되
지 않는다. 커다란 깃털 장식 때문에 잘 움직이지 못한다. 또 약육강
식의 자연환경에서는 천적의 눈에 띄지 않게 보호색을 갖추고, 주변
환경에 녹아들도록 몸이 만들어져야 한다. 그런데 공작새는 화려한
깃털을 자랑해서 오히려 주변 천적들의 눈에 띄기 쉽다. 진화론의
환경적응론에 의하면 이런 공작새의 깃털을 설명할 수 없다. 도대체
왜 공작새는 이런 깃털을 보유하게 되었을까?

공작새뿐만이 아니다. 수사자의 얼굴을 덮고 있는 화려한 갈기도
마찬가지다. 암사자의 깨끗하고 날렵한 얼굴은 환경적응론으로 설

명이 된다. 하지만 수사자의 화려한 갈기는 생존에 아무런 도움이 안 되고 눈에 너무 잘 띈다. 몰래 사냥감에 접근해야 하는 사자에게 방해가 되면 되었지, 좋을 게 없다.

다윈은 이러한 고민 끝에 새로운 진화 이론을 내놓는다. 성 선택론sexual selection theory이다. 생물의 주요한 동기로는 생존이 있고, 또 하나 번식이 있다. 수컷 공작새는 번식을 위해서 암컷 공작새의 선택을 받아야 한다. 암컷 공작새의 선택을 받기 위해 수컷 공작새는 멋있는 깃털을 만든다. 설사 그 깃털이 천적의 눈을 끌어 생존에 불리하게 되더라도 그래도 화려한 깃털을 만든다. 공작새에게는 번식이 생존만큼이나, 경우에 따라서는 생존보다 더 중요하다.

개구리, 귀뚜라미가 울어대는 이유도 성 선택론으로 설명이 된다. 생존을 위해서라면 크게 울어서 자기가 지금 어디 있는지를 알리면 안 된다. 하지만 암컷을 부르기 위해서는 울어야 한다. 암컷이 수많은 수컷 중에서 특별히 자기를 선택하게 만들기 위해서는 더 크게 울어야 한다. 성 선택론으로 볼 때 수많은 암컷과 수컷의 차이, 환경 적응으로 설명이 안 되는 많은 현상이 이해될 수 있다.

진화론의 성 선택론이 경제학으로 넘어와 베블렌 효과Veblen effect 가 되었다. 경제학의 베블렌 효과는 과시 효과다. 다른 사람에게 보여주기 위한 소비, 사치품에 대한 소비다. 정말로 필요한 상품이 아니라 다른 사람에게 보여주기 위해 필요한 상품은 비싸면 비쌀수록 더 잘 팔린다.

경제학의 원칙상 가격이 오르면 수요는 감소해야 한다. 일반적으로 상품은 가격이 오르면 수요가 줄어든다. 그런데 에르메스나 샤넬 같은 명품은 가격이 올라도 수요가 줄어들지 않는다. 아무리 가격이 올라도 구매하는 사람은 줄지 않고, 오히려 늘어난다. 명품을 사는 사람들은 핸드백이 없어서, 핸드백이 필요해서 사는 게 아니다. 에르메스이기 때문에, 샤넬이기 때문에 산다. 이걸 가지고 있으면 주위 사람들로부터 선망의 눈길을 받기 때문에 산다. 남자들의 경우, 스포츠카도 마찬가지다. 몇 억 원 하는 페라리 같은 스포츠카를 사는 건 운송 수단이 필요해서가 아니다. 공작새가 화려한 깃털을 과시하듯이, 주위 사람들에게 자신을 보여주기 위해서 이런 스포츠카를 구입한다. 정말로 필요해서 구입하는 상품이 아니라 자신의 지위를 보여주기 위해 소비하는 재화를 지위재라 한다.

이런 베블렌 효과를 기반으로 새로 수립된 경제 이론이 정체성 경제학identity economics이다. 정체성 경제학은 사람들이 자신의 정체성을 보여주기 위해 물건을 구입하고 소비하는 성향을 의미한다.

BTS 팬들은 BTS 관련 상품을 열정적으로 구입한다. BTS가 나오는 콘서트는 무슨 일이 있어도 참여하려고 한다. 가격이 싼지 비싼지, 가격과 비교해서 가성비가 좋은지 아닌지는 고려하지 않는다. 구입할 수 있으면 무조건 구입하고 싶어 한다. 상품 소비 자체에서 만족을 얻고자 구입하는 것이 아니라, BTS 팬이라는 정체성을 보여주고 유지하기 위해 구입하는 것이다.

애플의 경우에는 '애플빠' 집단이 존재한다. 미국만이 아니라 한국을 포함해서 세계 곳곳에 애플빠들이 있다. 이들은 애플에서 신제품이 나오면 거의 무조건적으로 애플 상품을 구입한다. 애플의 아이폰이 얼마나 더 좋아졌나, 삼성폰보다 더 좋은가 나쁜가, 가격이 적정한가는 고려하지 않는다. 그냥 애플 아이폰을 구입한다. 이들의 소비는 애플빠로서의 정체성을 보여주기 위한 행위다. 비용과 효과를 고려한 합리적인 소비가 아니다.

어디에 투자할까를 고려할 때 중요한 기준으로 제시될 수 있는 것이 해당 기업의 상품이 이런 정체성을 대표할 수 있는지의 여부다. 정체성을 대표하는 상품은 시류를 잘 타지 않는다. 언제나 수요가 있기 때문에 경제불황기라 하더라도 일정 수준의 매출을 보여준다. 또 잘 풀리면 지속적으로 매출과 이익이 올라갈 수 있는 잠재력이 있다. 시장구조, 시장 점유율로 볼 때 독점 기업은 아니다. 하지만 독점 기업과 같은 힘을 보유하고 있다. 가격을 설정할 때 시장의 일반적인 수준을 고려하지 않고 그냥 가격을 정한다. 가격 설정자다. 독점 기업의 대표적인 힘이 바로 이 가격 설정자로서의 힘이다. 정체성을 대표하는 기업은 시장 점유율이 낮다 하더라도 실질적으로는 독점 기업이다.

부동산의 경우에도 정체성에 해당하는 지역은 일반적인 수요공급 원칙에서 벗어난다. 서울 강남의 경우, 정체성을 지니는 대표적인 지역이다. 서울 강남에 산다는 말 자체가 무언가 다른 느낌을 준다. 단순히 비싸기 때문만은 아니다. 강남의 아파트보다 비싼 아파트는 다른 지역에도 얼마든지 있다. 강남 아파트가 평균적으로 다른 지역보다 비싸다는 것이지, 개별적으로 보면 보통 강남 아파트보다 비싼 아파트도 얼마든지 있다. 하지만 그런 비싼 아파트에 산다고 해서 강남에 산다는 이미지보다 나은 이미지를 주지는 못한다.

현재 서울 강남은 단순히 살기 좋은 동네, 비싼 동네라는 것을 넘어서서 지위재적인 위치를 가지고 있다. 지위재는 단순히 수요와 공급이 변화한다고 가격이 크게 떨어지거나 하지 않는다. 에르메스나 고급 스포츠카가 도무지 이해할 수 없는 가격대를 형성하는 것처럼,

강남 아파트 가격은 주택 가격에 영향을 미치는 요소들을 아무리 고려해도 이해하기 어렵다. 이건 강남 아파트가 정체성을 나타내는 상품, 지위재적 상품이기 때문이다.

저자가 보기에는 비트코인도 이러한 정체성을 대표하는 상품이다. 비트코인이 화폐냐 아니냐하는 논란이 있는데, 비트코인을 화폐로 보면 하나에 몇 천만 원하는 최근의 현상은 이해하기 어렵다. 상품의 효용성, 이용성을 따져서 가격을 산정하려는 일반 이론에 의해서는 비트코인 하나에 몇천 만 원 하는 현상을 해석하지 못한다. 비트코인은 블록체인이라는 신기술을 대표하는 상품, 암호화폐의 대표주자, 새로운 시대를 상징하는 상품이라는 시각에서 봐야 그 가격대가 이해될 수 있다. 새로운 시대, 새로운 기술의 정체성을 대표하는 상품으로 봐야 이해된다는 뜻이다.

이런 정체성을 대표하는 상품이나 기업은 많지 않다. 정체성 기업은 발견하기는 어렵지만 발견한다면 상당히 안정적인 투자 대상일 수 있다. 시세를 잘 탄다면 상당한 고수익도 가능하다. 하나의 시대를 상징하는 정체성 기업은 평소에 관심을 가질 필요가 있다.

각광받는 기업인가 수익이 큰 기업인가 - BCG 매트릭스

당신의 자원을 목적에 집중시킬 줄 알아야 한다. 다르게 말하면 포기
할 것과 추구할 것을 잘 구분해야 한다.

— 친닝 추

    투자에서 중요한 것은 투자하려는 대상이 과연 앞으로 높은 수익
을 달성할 수 있느냐다. 즉,투자 대상의 경쟁력이다. 기업의 경우, 기
업 경쟁력을 판단하는 데 중요한 요소 중 하나는 기업의 사업 모델
이다. 리더십이 어떤지, 마케팅 방법이 어떤지, 홍보를 어떻게 하는
지 자금관리를 어떻게 하는지 등도 기업의 경쟁력을 판단하는 데
중요하다. 하지만 가장 중요한 것은 사업 모델이다. 사업 모델이 좋
으면 다른 요소에 문제가 있어도 기업은 잘 굴러간다. 하지만 다른
요소들이 아무리 좋아도 사업 모델 자체에 문제가 있으면 기업은
생존하기 어렵다.

    기업의 사업 모델에 대해 전략적 지침을 줄 수 있는 대표적인 전
략 모델로 BCG 매트릭스 모델^{BCG matrix model}이 있다. BCG는 보스
턴컨설팅그룹^{Boston Consulting Group}의 약자다. 유명한 컨설팅 그룹은
보통 기업을 평가하는 자체적인 모델을 보유하고 있는데, 보스턴컨
설팅그룹에서 사용한 전략 모델이었기 때문에 BCG 매트릭스 모델

이라는 이름이 붙었다.

BCG 매트릭스 모형은 해당 산업의 시장성장률과 그 기업이 시장에서 차지하고 있는 점유율 2가지 요소를 기반으로 한다. 이 2가지 요소에 의해 고시장성장률-낮은 기업시장 점유율, 고 시장성장률-높은 기업 시장 점유율, 저시장성장률-높은 기업 시장 점유율, 저시장성장률-낮은 기업 시장 점유율의 4가지 매트릭스를 구할 수 있다.

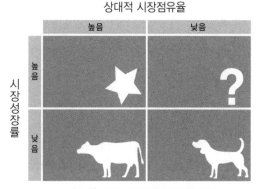

〈그림〉 BCG 포트폴리오 매트릭스

먼저 시장성장률이 높은 분야는 현재 산업이 크게 각광을 받으며 성장하는 분야다. 해당 산업은 사회적으로 높은 관심을 받으며 미래에 대해서도 높은 기대를 가지고 있다. 현재 뜨는 산업, 각광을 받는 산업으로, 2022년의 경우라면 전기자동차, 재생에너지, AI 등이 이런 산업에 해당한다. 이런 산업에서 현재 주도적인 기업이 그림의 별^{star}에 해당한다. 시장성장률이 높으면서 그 시장에서 점유율이 높은 기업이다. 전기자동차 분야에서 각광받는 테슬라 등이 여기에 해당한다.

이에 비교해서 보자면, 이런 고성장 산업에 참여하기는 하지만 시장에서 차지하는 역할이 미미한 경우가 그림의 물음표다. 물음표라는 말이 상징하듯이, 이 기업은 애매모호하다. 앞으로 잘될 수도 있고 안 될 수도 있다. 이 분야에서 앞으로 높은 경쟁력을 갖추면 주요 기업으로 성장할 수 있지만, 잘 안 되면 아무것도 아닌 기업이 된다.

시장성장률이 낮은 산업 분야는 이미 안정적인 영역에 들어선 경우다. 안정적이기 때문에 시장이 크게 성장하지는 않는다. 시장성장률이 낮고 기존 기업들이 안착되어 있기에 새로운 경쟁자가 잘 진입하지 않는다. 시장 지배 경쟁이 이미 끝나고, 몇 개의 기업들이 과점적 상태가 된 시장이다.

비누, 샴푸, 화장품, 가전기기 등은 이미 충분한 제품이 생산되어 있고 모든 사람이 다 사용한다. 사용할 만한 사람들은 이미 다 사용하기 때문에 시장이 크게 성장하지는 않는다. 또 사람들이 사용을 멈추지도 않기 때문에 시장이 특별히 줄어들지도 않는다. 이런 산업에서 높은 시장점유율을 가지고 있는 기업이 그림의 현금 젖소, 즉 캐시 카우Cash Cow다.

캐시 카우 기업은 크게 성장하지는 않는다. 하지만 수익률이 높다. 특별히 경쟁하지 않아도 충분한 수익을 얻는다. 사회적으로 유명하고 각광받지는 않지만 내실이 튼튼하다. P&G, 존슨앤존슨, 3M, 코카콜라, LG생활건강 등과 같은 회사가 여기에 해당한다.

시장성장률이 낮은 산업 분야에서 시장점유율이 낮은 기업이 있다. 이런 사업 모델이 그림의 개dog다. 시장성장률이 낮은 분야이기 때문에 장래성도 없고 성장성도 없다. 그러면서 수익성도 낮다.

BCG 매트릭스 모델에서는 사업이 그림의 개 분야에 해당할 때는 사업을 포기하고 빨리 빠져나오라고 권유한다.

BCG 모델은 투자와 관련하여 어떤 함의가 있을까? 별 부분에 투자하는 것이 성장주 투자다. 현재 크게 성장하는 부분이고 사회적으로 크게 이슈가 되는 분야라 하겠다. 이 분야에 투자할 때 큰 수익을 올릴 수 있다. 2배 이상, 10배의 수익을 올리는 건 이 별 분야다. 그런데 문제가 있다. 이 분야는 경쟁이 심하고 변동도 심하다. 계속 투자해야 하기 때문에 수익성도 낮다. 성장성은 높지만 적자인 경우도 많다. 또 지금 당장 시장지배적 지위를 가지고 있다고 해도 언제 망할지 모른다. 지금 별 부분에 있는 기업 중에서 마지막까지 살아남을 기업은 얼마 되지 않는다. 소수의 기업만 살아남고 대부분의 기업은 사라진다.

별 부분에 투자 할 때는 고수익을 기대할 수 있다. 하지만 그만큼 위험성도 높다. 장기적으로 어떻게 될지 모르기 때문에 장기투자도 부적합하다. 그 대신 마지막까지 살아남을 몇몇 기업을 잘 선택한다면 장기투자에서 막대한 수익을 올릴 수도 있다. 다른 기업을 선택한다면 처음에 고수익을 얻었다가도 어느 한순간에 폭락하게 된다.

물음표 부분은 앞으로 어떻게 될지 잘 모르는 영역이다. 이 기업이 앞으로 어떻게 하느냐에 따라 별 부분으로 이동할 수도 있고, 개 부분으로 이동할 수도 있다. 미지의 영역이기 때문에 여기에 투자하는 것보다는 차라리 별에 해당하는 기업에 투자하는 것이 가능성이 크다. 투자자 입장에서 물음표에 해당하는 기업은 피하는 게 맞다.

캐시 카우 부분은 안정적인 수익을 목적으로 하는 투자자, 가치투자자에게 가장 좋은 투자처이다. 장기투자를 해도 좋은 부분은 바로 이 현금 젖소 분야다. 이 분야에서는 장기투자를 할 때 더 많은 수익이 보장된다.

버핏이 주로 투자하는 분야가 바로 이 분야다. 단점이라고 한다면, 시장에서 각광을 받는 산업이나 기업은 아니라는 점, 그리고 별 부분처럼 고수익이 나지는 않는다는 점이다. 하지만 버핏은 이 부분에 대한 투자만으로 세계 최고의 투자자가 되었다. 부자가 되기에 충분한 수익이 나온다. 캐시 카우는 산업 자체가 쇠퇴하는 큰 사회적 변화가 발생하지 않는 한 지속적인 수익을 얻을 수 있다. 산업 자체의 흥망성쇠만 주의를 기울이면 된다.

마지막으로 개 부분은 투자하지 말아야 하는 산업이다. 이미 투자했다면 바로 빠져나와야 한다.

투자자는 별이나 캐시 카우 부분에 초점을 두어야 한다. 그리고 이 두 부분에 대한 투자의 기대치와 투자 방법은 달라야 한다. BCG 매트릭스 모델은 투자 지침과 관련하여 이러한 시사점을 준다.

나아지기 위한 유일한 방법 - PDCA(plan-do-check-act) Cycle

비행기가 목적지를 향할 때 비행시간의 90% 이상 동안 정상궤도를 벗어나 있다는 사실을 아시나요? 하지만 대부분 비행기들은 목적지에 정상적으로 도착합니다. 그 이유는 뭘까요? 바로 파일럿들과 내비게이션 시스템이 계속해서 정상궤도대로 운항하도록 하기 때문입니다. 인생의 가장 중요한 열쇠는 '얼마나 자신의 의도대로 완벽한 삶을 살고 있는가'가 아니라 '자신의 계획과 목표를 끊임없이 되새기는 것'입니다.

— 서광원, 『사자도 굶어죽는다』(위즈덤하우스, 2008) 중에서

경영학은 기업들이 어떻게 하면 더 나아질 수 있는지를 연구하는 학문이다. 개인에 대해서는 어느 수준에서 멈추고 만족하는 것이 더 나은 삶이라는 식의 이야기도 많다. 하지만 기업에 대해서는 아니다. 기업은 끝없는 성장이 요구된다. 더 나아가지 않고 멈출 거라면 더 이상 기업으로 존재하지 말고 그냥 청산해버리는 게 낫다. 그러면 기업의 재산은 개개인의 재산이 되어 사회의 소비와 투자에 더 도움이 된다.

경영학에서는 기업이 더 발전할 수 있도록 여러 기법을 제시한다. 그중 가장 기본이 되는 기법이 있다. PDCA, 즉 plan-do-check-act 기법이다. 먼저 계획을 세우고, 계획에 따라 실행을 한다. 그리고 그 결과를 검토하고, 검토 결과를 반영해서 다시 실천한다. 결과를 체크하고 다시 수정해서 실천하고, 다시 결과를 체크해서 그 결과를 반영해 행동한다. 이 과정의 무한 반복, 이것이 앞으로

나아질 수 있는 가장 좋은 방법이고 또 유일한 방법이다.

경영학에서 유명한 기법들은 사실 이 PDCA의 각 부분을 좀 더 엄밀히 하려는 개선 방안이다. 목표가 중요하다는 목표관리법, 앞에서 살펴본 보스턴컨설팅그룹의 BCG 기법 등은 계획^{plan}을 어떤 식으로 하는 게 좋은지에 대해 더 자세히 살펴본 것이다. 목표와 전략을 강조하는 것은 모두 이 계획 부분에 초점을 맞추어 이야기하는 것이다.

실천이 중요하다는 모든 말은 실천^{do}에 관한 것이다. 열심히 하라는 것, 1만 시간의 법칙 등은 이 실천과 관련된 것이다. 시간 관리, 행동 관리, 리더십 등에 관한 모든 이론은 바로 이 실천을 어떤 식으로 하는 게 더 좋은지에 관한 연구다.

평가^{check} 역시 중요하다. 잘했나 못했나, 그리고 못했으면 어디가 문제였는지를 검토하는 과정이다. 학교에서 이루어지는 시험과 성적 평가, 기업에서 시행되는 성과 평가들이 여기에 해당한다. 토익 시험에서부터 정치권에서 이루어지는 선거 등도 모두 이 평가 과정이다.

행동^{act}이 그다음이다. 한국어에서는 PDCA에 있는 do와 act가 잘 구별되지 않는다. 모두 실천, 행동으로 번역은 다르게 하는데, 사실 한국어에서 실천과 행동은 같은 말이다. 그런데 PDCA에서 do와 act는 구분된다. act는 처음의 do를 평가한 결과를 반영해서 수정 보완한 행동이다. 목표 달성에 대해 보다 적응된 행동이다. 즉, act는 그냥 한다는 것이 아니라, 목표 달성을 위해 보다 적응화된 행위를 한다는 것을 의미한다.

기업이 보다 나아지기 위한 방법, 개인이 보다 나아지기 위한 방법, 나아가 사회가 계속해서 발전하기 위한 방법은 사실 1가지다. PDCA^(plan-do-check-act) 과정을 계속해서 반복하는 것이다. 이 방법을 적용하지 않아도 성공할 수는 있다. 하지만 그건 일시적이다. 한 번의 성공이 아니라 계속 나아가기 위해서는, 단기간이 아니라 장기적으로 계속 나아지기 위해서는 PDCA가 필수적이다.

처음에는 그냥 아무 생각 없이 목표를 세우고 그냥 취미로 시작했다고 하더라도 PDCA를 계속하면 성공할 수 있다. 취미로 한 결과를 체크하고 어떻게 하면 더 나아지는지를 생각하고 그 방법을 적용한다. 그 과정을 계속하면 처음에 그냥 생각 없이 정한 목표가 점점 정교해지고 현실성을 띠게 된다. 그냥 취미로 시작했다고 하더라도 점점 더 좋은 방법을 찾게 되면서 전문적으로 나아가게 된다. 실패하더라도 별 문제가 없다. PDCA 과정을 거치면서 지속적으로 보다 나은 성과를 얻게 된다. 도중에 망하는 경우가 계속 생기더라도, 그 실패를 넘어서서 더 나은 길을 찾게 된다. 무슨 일을 하든 PDCA는 성공하기 위한 최고의 방법이다.

성공하기 위한 절대적인 방법을 발견해냈는데 왜 사람은, 그리고 사회는 그렇게 나아지지 않을까? PDCA 방법을 발견하기는 했지만, 사람들이 PDCA를 잘 사용하지 않기 때문이다. 기업과 조직에서도 PDCA를 기본적으로 사용한다고 하지만, 실제로는 PDCA를 제대로 사용하지 않는다.

일단 스스로에게 물어보라. 지금 본인은 현재 나의 행동, 나의 삶을 평가하고 문제점을 파악한 후 그에 대해 수정하려고 생각한 적이 있는가? 생각한 적이 있다면 그건 언제인가? 이러한 생각을 하는 사람 자체가 많지 않다. 어려서, 젊어서는 생각하는 경우가 그래도 있지만, 나이가 들수록 이런 생각은 거의 안 한다.

기업이나 조직도 마찬가지다. 기업이나 조직은 대부분 업무상 PDCA를 하기는 한다. 그런데 제대로 하지 않는다. PDCA에서 가장 중요한 과정이 무얼까? 바로 평가다. 이전의 계획과 행위에서 어디가 문제인가를 파악해야 한다. 그런데 이 평가가 굉장히 어렵다. 평가 자체가 어려운 것은 아니다. 사실 사람들은 뭐가 문제인지 다 알고 있다. 하지만 그 문제를 인정하지 않는다. 진짜 문제는 제쳐두고 다른 것을 문제로 끌어들인다. 진짜 문제점을 파악해서 수정하지 않고, 다른 것을 문제로 제시하고 그에 대한 수정 방안을 낸다. 그러면 아무리 PDCA를 수행하더라도 나아지기 어렵다.

조직에서 평가가 제대로 되지 않는 이유는 책임 문제가 뒤따르기 때문이다. 조직이 어떤 정책을 시행했는데 결과가 안 좋았다면, 정책 어디가 잘못되어서 이런 결과가 나왔다고 평가해야 한다. 하지만 어디가 잘못되었다는 것을 인정하는 순간, 책임을 져라, 관련자를 해고하라, 자리에서 물러나라 등의 이야기가 나온다. PDCA에서 평가는 그 결과를 반영해서 더 나은 정책을 만들기 위해서 하는 것이다. 그런데 내가 정책 과정에서 이런 점을 잘못했다고 인정하면 옷을 벗게 된다. 절대로 내가, 우리 부서가 잘못해서 이렇게 되었다고 인정할 수 없다. 결과가 나쁘다는 것을 인정하지 않고, 설사 결과가 나쁘다는 것을 인정하더라도 그것이 자신의 잘못이라는 것은 절대 인정하지 않는다. 주변 환경 때문에, 자신이 제어할 수 없는 다른 요소 때문에 잘못된 것이지, 나 때문에 잘못된 것이 아니다. 실제 평가가 제대로 되지 않으니 그다음의 PDCA 과정도 제대로 굴러가지 못한다.

개인이 자신이 원하는 것을 추구할 때는 조직 내에서의 이런 문제점을 겪지 않아도 된다. 그러니 솔직히 자신의 잘못을 인정하고 그에 대한 개선 방안을 낼 수 있다. 하지만 이 과정에서 자존심이 센 사람들은 절대 자신의 잘못을 인정하지 않으려고 한다. 그래서 발전하는 사람은 자존심이 세지 않고 자신을 낮출 수 있는 사람들이다. 자존심이 센 사람은 현재 상태 이상으로 나아지기 어렵다.

개인은 정부, 기업 같은 조직보다 PDCA를 제대로 적용하기가 용이하다. 하지만 개인도 제대로 수행하지 않는 건 마찬가지다. PDCA를 하기 위해서는 자신의 생각과 행동을 계속 검토하는 과정을 거쳐야 한다. 그래야 평가 검토가 이루어지고, 그 결과로 앞으로 새로운 행동 방향이 나올 수 있다. 그런데 자신의 생각과 행동을 계속 검토한다는 것은 많은 에너지가 소모되는 일이다. 해야 되는 일, 맡겨진 일을 처리하는 데도 힘들고 지치는데, 부가적으로 스스로 자기 자신을 검토하는 일까지 하는 건 힘들다. 그러나 그렇더라도 해야 하는 일이다. 자기가 몸담은 기업보다, 조직보다 자기 자신이 훨씬 더 소중하다. 조직에서도 비록 외면적이나마 PDCA를 하고 있는데, 개인이 를 하지 않으면 앞으로 나아가기는 상당히 힘들다.

부자가 되는 길, 투자로 성공하는 길도 마찬가지다. 계획을 가지고 투자를 하고, 그 결과에 따라 자신의 투자 방법을 계속해서 수정 보완해나가는 것. 그러면서 계속 투자를 하는 것이다. PDCA를 지속적으로 수행하면 처음에는 미약했더라도 끝은 창대할 수 있다. PDCA는 보다 나아질 수 있는 가장 확실한 방법이다. PDCA만 계속해나갈 수 있다면, 분명 몇 년 전보다 나은 자신을 발견해나갈 수 있다.

PDCA를 제대로 적용하기 위한 방법 -
one loop system, two loop system

'만약 첫 시도에서 성공하지 못하면, 계속해서 시도해본다'는 것은 바람직한 좌우명이 못 된다. 적당한 좌우명은 바로 이것이다. '만약 첫 시도에서 성공하지 못하면, 노선을 바꿔 시도해보라.'
— 알 리스 & 로라 리스, 『마케팅 반란』(청림출판, 2003) 중에서

한 학생과 면담하면서 나온 고충 사례를 소개해 본다.

"사람들이 성공하기 위해서는 목표를 세우고, 그 목표를 달성하기 위해서 열심히 노력해야 한다고 하잖아요. 그래서 저도 목표를 세우고 그동안 열심히 해왔거든요. 전 토익 만점 받는 것을 목표로 했어요. 그리고 토익 만점을 받기 위해 열심히 영어 공부를 하고 있고요.

그런데 토익 900점까지는 받았는데 그 이후로는 아무리 노력해도 점수가 오르지 않아요. 990점 만점이 목표인데 어떻게 해야 할지 모르겠어요."

이 학생은 목표를 세우고 그 목표 달성을 위해서 진지하게 노력하고 있다. 그런데 목표에 가까워지지를 않는다. 이 학생의 문제는

무엇일까? 본인은 노력한다고 하지만 아직 노력이 부족해서일까? 앞으로 더 열심히 영어 공부를 하면 목표를 달성할 수 있을까? 그리고 토익 990점의 목표를 달성하면 앞으로 더 나은 인생을 살 수 있게 될까?

기업의 성공 방식으로 PDCA가 나왔다. 모든 기업이 다 PDCA를 도입하고 있다. 정부 공무원 조직조차도 지금은 모두 이 PDCA를 적용하고 있다. 모든 조직은 매년 목표를 설정하고 있고, 다음 해에 목표 달성 여부를 검토하고 피드백을 하고 있다. 소위 성과평가, 성과관리 제도를 도입해서 더욱더 나아지려고 노력한다.

하지만 실제 기업이나 조직의 성과 추세를 보면, 그 결과는 판이하다. 거의 모든 대기업이 PDCA를 도입해서 운영하고 있지만 성과가 안 좋은 기업, 망해가는 기업은 계속해서 나온다.

모든 기업이 PDCA를 시행하고 있는데 왜 기업마다, 조직마다 성과 차이가 크게 나는 것일까? 학자들은 그 이유를 찾고자 했고, 그래서 발견한 것이 '1루프 시스템-2루프 시스템^{one loop system-two loop system}' 개념이다.

1루프 시스템에서는 목표가 설정된 후 그 목표 달성을 위해 노력한 다음 평가, 환류를 한다. 앞의 학생 경우에는 이런 식으로 평가와 환류가 이루어진다.

P - 토익 990점 만점을 받는 것을 목표로 정한다.
D - 토익 990점을 받기 위해서 영어 공부를 열심히 한다.
C - 토익시험을 본다. 900점이 나왔다.
　　저번 시험과 점수가 같다.

A – 왜 토익 점수가 오르지 않았을까? 공부 시간의 문제인가, 공부 방법의 문제인가? 교재를 바꾸면 나아질까, 학원을 다녀볼까? 아무래도 혼자 공부하는 것의 한계가 있는 것 같다. 다음에는 토익 학원을 다녀야겠다.

1루프 시스템에서는 왜 목표가 제대로 달성되지 않았는지, 왜 성과가 나오지 않았는지를 집중적으로 검토한다. 목표 달성에 더 가까운 방법을 찾고 그 방법을 새로 적용해본다.

2루프 시스템에서는 위 P, D, C는 동일하다. 그런데 마지막 A가 다르다. 2루프 시스템에서는 기존의 목표에 대해서도 평가, 환류를 한다.

A – 영어 토익 990점 목표를 달성하지 못했다. 그런데 왜 난 토익 990점을 목표로 한 거지? 왜 토익 990점을 받으려고 하는 거지? 토익 990점을 받겠다는 목표는 과연 적정한 것인가?

토익 990점의 목표가 적정하다고 결론이 나면 앞으로 어떻게 하면 토익 점수를 더 높일 수 있는지 그 방법을 찾는다. 앞의 1루프 시스템에서 했던 환류가 그대로 적용된다. 그런데 이때 토익 990점을 받아야 한다는 목표가 제대로 된 목표가 아니었던 것으로 결론 날 수도 있다. 이때는 목표를 조정한다. '토익 900점만 받자' 라고 바꾸거나, 아니면 '일본어 능력시험 JLPT 1급을 받자', '회계 자격증 시험을 보자' 등으로 바뀔 수 있다.

즉, 1루프 시스템에서는 목표가 한번 정해지면 그 목표를 위해서 노력한다. 목표를 달성하기 위한 수단에 대해서는 평가하고 보완해 나가는데, 목표 그 자체는 건드리지 않는다. 목표 그 자체가 신성불가침한 지위를 가지고 있다.

이에 비교해 2루프 시스템에서는 설정한 목표 그 자체에 대해서 적정성을 따진다. 자기가 진정으로 원하는 목표인지, 정말 필요한 목표인지, 이 목표가 어떤 의미가 있는지를 검토한다. 즉, 목표와 수단 모두를 건드린다.

정말로 성과가 오르는 기업은 2루프 시스템 식으로 성과 관리를 운영하는 기업이다. 1루프 시스템으로 성과 관리를 하는 기업은 잘되는 기업도 있지만 안 되는 기업도 있다. 목표가 잘 세워졌으면 나아지지만, 만약 목표 설정이 잘못되었으면 고생은 고생대로 하면서도 나아지지 않는다.

앞에 말한 학생의 문제는 무엇일까? 이 학생은 토익 990점을 받는 것을 대학 시절의 가장 중요한 목표로 삼았다. 그런데 토익 990점을 받는 것이 정말 삶의 목표로 삼을 만한 것일까? 분명히 말하건대, 토익 990점을 받는 것이 진정한 목적일 수는 없다. 진짜 목적은 따로 있고, 토익 990점은 그 목적을 달성하기 위한 수단이다.

처음에 원한 것은 취업을 하는 것일 수 있다. 취업할 때 토익 990점 성적표가 있으면 유리하니까 토익 990점을 받고자 목적을 세울 수 있다. 또는 학원 영어강사가 되는 것이 목적이었을 수 있다. 토익 990점을 받으면 영어강사로 유명해질 수 있기 때문에 토익 990점을 목표로 할 수 있다. 아니면 주위 사람들에게 돋보이고 싶어서 토익 990점을 원했을 수도 있다. 토익 990점을 받으면 주위에서 놀라워할 것이고 실력이 있다고 인정해줄 것이다. 다른 사람들의 그런 평가를 받기 위해 토익 990점을 원했을 수도 있다. 어쨌든 중요한 건 토익 990점은 진짜 목적이 아니라 자신의 진짜 목적을 달성하기 위한 수단이었다는 점이다. 그런데 토익 990점을 받기 위해서 노력하다가 어느새 토익 990점이 진짜 목적이었던 것처럼 되어버렸다. 이러면 취업 자리가 와도 '나는 토익 990점을 받아야 돼' 하면서 영어 공부만 계속하게 된다. 목표를 달성하지 못하면 인생이 실패한 것인 양 절망하게 되고, 설사 목표를 달성하더라도 '열심히 살았는데 왜 삶이 이렇지? 목표를 달성했는데 왜 나아지는 게 없지?'라며 곤혹스러워하게 된다.

목표가 있고 그것을 추구하면 삶이 훨씬 더 나아진다. 그런데 그 목표는 자기가 정말로 원하는 목표여야 한다. 자기가 원하는 것을 얻을 수 있는 목표여야 한다. 그런데 많은 경우, 사람들은 자기가 원하는 것 자체가 아니라, 자기가 원하는 것을 얻을 수 있다고 여겨지는 수단을 목표로 삼는다. 그래서 2루프 시스템이 필요하다. 이렇게 목표를 계속 점검해나갈 때 PDCA가 제대로 작동할 수 있다. 목표가 정말로 자신이 원하는 것이고 필요한 것인지를 계속 평가해야 한다. 그래야 수단의 목적화가 발생하지 않는다.

네 가지만 알고 실천하면 부자가 될 수 있다

한 학생이 "공부 잘하는 학생이 되고 싶어요. 어떻게 하면 시험에서 높은 점수를 받아 공부 잘하는 학생이 될 수 있을까요?" 하고 물어보았다고 하자. 이 학생은 어떻게 하면 공부 잘하는 학생이 될 수 있을까?

이 학생이 가장 원하는 것은 이번 시험에 어떤 문제가 나올지 예측하는 것이다. 어떤 문제가 나올지 미리 알면 시험에서 높은 점수를 받을 수 있다. 그런데 이게 가능할까? 어떤 문제가 나올지 잘 예상해서 몇 문제를 맞힐 수는 있다. 하지만 그 문제들을 다 맞힌다고 해서 이 학생이 공부 잘하는 학생이 되는 것은 아니다. 지금 당장 점수 몇 점을 더 받을 수는 있지만, 다음 시험에도 높은 점수를 받을 수 있는 것은 아니다. 또 지금 몇 문제 더 맞혔다고 해서 공부 잘하는 학생으로 인정받지도 못한다.

어떤 주식이 오를지, 어떤 부동산이 오를지를 알아내려는 것은 시험에서 어떤 문제가 나올지 알아내려는 것과 같다. 앞으로 오르는 주식을 꼭 찍어내는 것은 굉장히 어렵다. 하지만 그 어려운 걸 해낸다 하더라도 그게 부자가 되는 길은 아니라는 것이다. 몇 문제 더 맞추는 것과 공부 잘하는 학생이 되는 것은 다르다. 마찬가지로 오를 주식 몇 개를 집어내는 것과 부자가 되는 것도 다르다. 50% 오를 주식 10개를 발견해서 그것을 맞추었다고 해보자. 모든 주식에서 다 50% 수익을 내는 것도 불가능하거니와, 설사 모두 50% 수익을 냈다고 해도 지금 있는 자산에서 50% 더 늘어날 뿐이다. 1,000만 원 가지고 투자했다면 1,500만 원이 되는 것이고 1억으로 투자했다고 해도 1억 5,000만 원이 될 뿐이다. 수익을 얻기는 했는데 부자는 아니다. 시험에서 몇 점 더 맞기는 했는데 그렇다고 공부 잘하는 학생이 되는 것은 아닌 것이다.

공부 잘하는 학생이 되기 위해서 필요한 것은 몇 문제 더 맞추는 것이 아니다. 우선 나도 노력하면 공부를 잘할 수 있다고 믿어야 하고, 그 믿음에 따라 공부를 해야 한다. 하나하나 문제의 답이 무엇인지를 외워서는 안 되고, 어떤 문제가 나오더라도 정답을 알아낼 수 있는 문제 푸는 기술을 배워야 한다. 앉아서 몇 시간 계속해서 공부할 수 있는 정신력도 있어야 한다. 또 공부를 한다고 바로바로 시험 성적이 오르지도 않는다. 열심히 공부하는데도 성적이 오르지 않는 스트레스도 이겨내야 한다. 무엇보다 성적이 오르는 데는 시간이 필요하다. 70점 받는 학생이 한 달 열심히 공부했다고 90점을 받는 경우는 없다. 공부 잘하는 학생이 되는 데는 신경이 지치도록 오랜 시간이 필요하다.

부자가 되는 것도 마찬가지다. 오를 종목 몇 개를 발견한다고 부자가 되는 것은 아니다. 우선 부자가 될 수 있다고 믿고 부자의 사고방식을 익히고 실행해야 한다. 오를 수 있는 개별 종목을 알아내는 것이 아니라, 수익을 지속적으로 낼 수 있는 투자 방법 자체를 익혀야 한다.

투자를 하다보면 정신적으로 큰 어려움을 겪게 된다. 시장이 대폭락하는 것을 겪어야 하고 내가 가진 종목이 반 토막 나는 것을 지켜봐야 한다. 내가 가진 종목이 50% 폭등하는 것도 다반사로 겪을 수 있다. 하지만 이런 시장의 격동에 휘둘리면 안 된다. 공부 잘하는 학생이, 시험을 망치든 찍은 게 다 맞는 행운이 오든 아무 상관없이 계속 공부하는 것처럼, 시장이 폭락해도, 폭등해도 계속 꾸준하게 투자를 해야 한다. 그럴 수 있는 정신력을 갖추어야 한다.

무엇보다 부자가 되기 위해서는 시간이 필요하다. 내가 아무리 열심히 한다 하더라도 몇 개월 안에, 몇 년 안에 큰 성과가 나오지는 않는다. 그 시간을 버텨내야 하는 것도 꼭 필요한 과정이다.

다시 요약 정리를 해보자. 부자가 되기 위해서 우리가 알고 있어야 하는 것은 무엇일까?

첫째, 지금 우리가 살고 있는 자본주의, 시장경제 시스템을 믿어야 한다. 지금 우리는 자본주의 시장경제 사회에서 살고 있다. 이 시스템의 특성을 알고 믿어야 부자가 될 수 있다. 자본주의에 대해 부정적이고 시장경제를 믿지 못하면서 이 사회에서 돈을 벌어 성공하겠다고 하는것은 앞뒤가 맞지 않는다. 농경사회에서는 토지를 가지고 농사를 지어야 성공할 수 있다. 수렵사회에서는 사냥을 잘해야 성공할 수 있다. 마찬가지로 자본주의 시장경제 사회에서는 자본의 힘과 시장의 힘을 잘 알고 이용할 수 있어야 성공할 수 있다.

둘째, 자기 자신을 믿어야 한다. 스스로 할 수 있다고 생각하고 실행해야 한다. 할 수 있다고 생각한다고 해서 정말로 모두 하게 되는 것은 아니다. 그러나 할 수 없다고 생각하면 100% 할 수 없다. 인간은 생각과 감정의 지배를 받는 존재다. 나는 부자가 될 수 없어, 생각하면서 부자가 될 수는 없다. 나는 부자가 되는 게 싫다고 생각하면서 부자가 될 수도 없다. 생각이 행동을 지배하고, 나아가 운명을 지배한다. 부자가 될 수 있는 사고방식을 익혀야 한다. 그게 되지 않으면 아무리 돈이 많아도 부자가 될 수 없다. 그 돈을 유지할 수가 없다.

셋째, 돈보다는 돈을 버는 방법에 초점을 두어야 한다. 주식시장에서 어떤 종목이 오를지를 고르는 것보다, 어떤 식으로 종목을 고르면 수익이 나는지, 어떻게 매매하면 수익이 나는지에 관한 방법을 알려고 해야 한다. 지금 아파트가 오르는지 내리는지가 아니라, 어떨 때 부동산 경기가 좋아지고 어떨 때 부동산 경기가 나빠지는지에 대한 원칙을 알려고 해야 한다.

물고기 몇 마리를 잡으면 당장 배고픔은 해결되지만, 부자가 되지는 못한다. 물고기를 잡는 방법 자체를 깨우쳐야만 부자가 될 수 있다. 'what'이 아니라 'how'에 초점을 맞춰야 한다.

넷째, 산을 오르면 필연적으로 오르막길, 내리막길이 나온다. 길은 좁고 험하고, 마실 물도 없다. 정상에 오를 때까지 기쁜 일은 없다. 힘들고 어려운 길만 계속될 뿐이다. 하지만 그럼에도 불구하고 계속 올라가야 한다. 부자가 되는 길은 탄탄대로 고속도로가 아니다. 이 길을 가야지 하고, 마음먹고 실천한다고 쉽게 갈 수 있는 길은 아니다. 중간에 계속해서 방해물이 나온다. 넘기 힘든 방해물만 나올 뿐이고, 즐거움을 주는 일은 거의 없다. 그럼에도 불구하고 계속 그 길을 가야 한다. 오랫동안 버티는 힘이 필요하다. 이 버티는 힘이 없으면 다른 것이 아무리 뛰어나도 소용없다. 공부 잘하는 학생은 몇 년 동안 계속 공부를 해온 학생들이다. 몇 개월, 1~2년 공부해서 공부 잘하게 된 학생은 아무도 없다. 부자가 되는 길은 공부 잘하는 학생이 되는 길보다 더 오랜 시간을 필요로 한다. 그 기간 동안 꾸준히 템포를 유지해나가야 한다.

산은, 특히 높은 산은 아래에서 보면 까마득해 보인다. 어떻게 저 산을 오를 수 있는지 감이 잡히지 않는다. 하지만 계속 오르다보면 어느새 산 정상에 오른다. 산을 잘 타는 사람, 지구력이 좋은 사람, 특출난 능력이 있는 사람만 정상에 오를 수 있는 게 아니다. 산은 누구나 계속 오르기만 하면 정상에 도달할 수 있다. 그리고 정상에 오르고 나면 아래서 보았을 때처럼 그렇게 어렵지 않다는 것을 알게 된다.

부자가 되는 것도 비슷하다고 본다. 큰 부자는 특출난 능력이 필요할지 몰라도, 작은 부자는 누구나 다 될 수 있다. 부자가 되기 전에는 굉장히 어려운 것처럼 보이지만, 막상 부자가 되고 나면 이게 그렇게까지 어려운 길은 아니라는 것도 느끼게 된다. 산 정상을 오르려고 마음먹고, 등산 과정에 필요한 것을 미리 준비한다. 그리고 산 정상까지 도달할 수 있는 길을 따라 중간에 포기하지 않고 계속 걸으면 어느 순간 정상에 올라와 있다. 일단 산에 올라보자. 그러면 산 아래에서는 보이지 않았던 많은 길을 볼 수 있을 것이다.

2023년 3월 최성락

부자들의 지식창고에는 뭔가 특별한 것이 있다

초판 1쇄 발행 2023년 6월 25일

지은이   최 성 락
펴낸이   최 용 범

편집   유 인 창 / 박 승 리
디자인   김 규 림 / 전 형 선

펴낸곳   페이퍼로드
출판등록   제 10 – 2427호 (2002년 8월 7일)
주소   서울시 동작구 보라매로5가길 7 1322호
이메일   book@paperroad.net
블로그   https://blog.naver.com/paperroad
포스트   https://post.naver.com/paperroad
페이스북   www.facebook.com/paperroadbook
전화   (02)326–0328
팩스   (02)335–0334

ISBN   979–11–92376–24–0 (03320)